SELBST

DIE SUCHE HAT EIN ENDE

ANNA CAMILLA KUPKA

now

NEXT LEVEL Verlags, An der Dornwiese 2, 82166 Gräfelfing
www.nextlevelverlag.de

Lektorat: Celine Koch
Umschlaggestaltung: Jelena Mirkovic (Blattdesign: Freepik)
Umschlagfoto: Michelle Haymoz
Druck: WMD
Printed in Germany
ISBN: 978-3689360153

„Feuer kann *es* nicht verbrennen, Wasser kann *es* nicht benetzen, Wind kann *es* nicht trocknen, Waffen können *es* nicht zerschmettern. Ewig, ungeboren, kann *es* nicht sterben.

— BHAGAVAD GITA

INHALT

TEIL I

SELBSTERKENNTNIS

1

DAS GEHEIMNIS ENTHÜLLT SICH

Als ich am Morgen aufstand, deutete nichts darauf hin, dass sich mein Leben heute grundlegend ändern würde. Die Sonne drängte sich durch die Ritzen in den Jalousien und mein Tag begann wie jeder andere. Auch jetzt noch, Stunden später, sitze ich ahnungslos im Schneidersitz auf dem hellen Holzboden im Yogastudio meiner Freundin und träume vor mich hin. Eigentlich wollte ich meditieren, aber ich kann mich nicht überwinden. Zu schön ist es, den vorbeiziehenden Gedanken nachzuhängen. Dabei spüre ich deutlich die Präsenz der beiden Frauen neben mir. Zwei enge Freundinnen, mit denen ich etliche Höhen und Tiefen durchlebt habe. Heute sind wir einfach nur zusammen – ohne Agenda, ohne Termine, ohne einen festen Plan. Ein friedvolles Gefühl durchströmt den Raum, beinahe greifbar. Die Fenster mit ihren weißen Holzrahmen sind weit geöffnet, und ich beobachte, wie eine sanfte Brise die filigranen Vorhänge langsam von links nach rechts schwingen lässt. Sie erinnern mich an Feen, die sich im Rhythmus des Windes wiegen. Das Studio liegt außerhalb von Zürich, und wir hören nichts als das Zwitschern der Vögel und unseren eigenen Atem. Ab und zu kratzt mein kleiner Hund auf dem Boden, sein Fell die gleiche Farbe wie das Holz. Doch meist scheint auch er von der hypnotischen Stille ergriffen zu sein. Um die Harmonie zu vervollständigen, erfüllt der unverwechselbare Duft des Frühlings den Raum, während warmes Licht alles um uns herum verzaubert. Die eigentliche Magie entfaltet sich jedoch draußen vor unseren Augen. Die Natur hat sich heute entschieden, ein atemberaubendes Schauspiel zu bieten und den Himmel in den unterschiedlichsten Farben erstrahlen zu lassen. Im Moment ist er so feuerrot, als hätte ein Maler seinen Farbtopf über ihm ausgeschüttet.

Eine tiefe Demut erfasst mich. Ich sitze da, atme und bin. Und in diesem Moment, der nichts bezweckt, passiert plötzlich, wonach ich mich seit Jahrzehnten gesehnt habe: Mein wahres Selbst offenbart sich mir so klar und umfassend, dass die Welt um mich herum sich auflöst. Es ist ein Gefühl, wie ich es noch nie erlebt habe und das mich mit Ehrfurcht und einer unfassbaren Liebe erfüllt. Ich werde nicht versuchen, es hier zu beschreiben, da keine Worte dieser Erfahrung gerecht werden können. Aber in diesem Moment weiß ich genau, wofür ich die lange Suche auf mich genommen habe. Und erkenne – es ist jeden einzelnen Schritt wert gewesen! Gleichzeitig staune ich: Wie konnte ich das Offensichtliche vorher nicht gesehen haben? Es ist auf einmal alles so simpel und schlüssig. Wie war es möglich, sich vor der Wahrheit zu verschließen? Zugegeben, ab und zu hat das Unbeschreibliche mir im Laufe der Jahre flüchtige Einblicke in seine ewige Natur gewährt. Vor allem während Meditationen zeigte es sich lang genug, um es nie wieder vergessen zu können, aber zu kurz, um bewusst darin zu verweilen. Jeglicher Versuch, es festhalten zu wollen, schien zum Scheitern verurteilt. Es war, als würde man einen Vogel einfangen wollen, der einem gleich wieder entwischt. Und doch habe ich immer wieder nach diesem Gefühl gesucht, mich danach gesehnt, es auf jede erdenkliche Weise herbeigerufen. Heute hingegen hat mein Selbst beschlossen, seine Flügel auszubreiten und sich niederzulassen. Alles ist genauso, wie es sein soll. Es gibt keine Hektik mehr, keine Angst, dass diese unglaubliche Erfahrung bald wieder vorbei sein könnte. Ich weiß, der Moment ist gekommen, um mich im Selbst zu baden, um wahrhaft eins mit ihm zu werden. Mit dem Einzigen, das immer ist. Zum ersten Mal spüre ich deutlich und ohne Zweifel, wie ich von nun an jederzeit Zugang zu dieser zeitlosen Essenz finden kann. Ich muss nichts mehr jagen, nichts mehr suchen, denn ich bin diese Essenz.

Und etwas anderes wird klar: dass es an der Zeit ist, meine Erkenntnis mit anderen zu teilen. Dieses Buch ist der Versuch, genau das zu tun.

2

AUF DER SUCHE NACH DEM SELBST

Machen wir uns also gemeinsam auf den Weg, das heilige Geheimnis zu lüften. Heute bin ich mir sicher, dass es nur darauf wartet, von uns entdeckt zu werden. Dabei erhebe ich nicht den Anspruch, dir etwas Neues beizubringen. Vielmehr möchte ich mit dir zusammen die Hindernisse aus dem Weg räumen, die dich noch davon abhalten, dein wahres Selbst zu erkennen. Michelangelo bemerkte einst: „Die Skulptur ist bereits im Marmorblock vorhanden, bevor ich mit meiner Arbeit beginne. Ich muss nur noch das überflüssige Material wegmeißeln.“ Genau das werden wir hier tun. Wir werden alles entfernen, was die Pracht deines Selbst noch verhüllt. Dabei ist die Suche nach dem Selbst weitaus älter als Michelangelos brillante Kunst – sie ist so alt wie die Menschheit an sich. Es ist das ultimative Streben des Menschen, einen Sinn in seinem Leben zu erkennen und zu verstehen, wer er wirklich ist. Dies zeigen uns schon die frühsten Höhlenmalereien. Heute ranken sich viele Worte um das Selbst: Selbsterkenntnis, Selbstfindung, Selbsterfahrung, Selbstliebe, Selbstwert – die Suche nach dem Selbst bleibt zeitlos und universell.

Ich bildete da keine Ausnahme. Schon in meiner Jugend verspürte ich den Drang, in den Tiefen meines Wesens das Unvergängliche zu finden – einen Anker, der den Stürmen des Alltags trotzt. So begann eine Reise, die mich durch die philosophischen Schriften der Antike und die Weisheiten des Fernen Ostens bis in den Yogaraum meiner Freundin führte. Zur Unterstützung meiner Selbstfindung praktizierte ich Meditation und Yoga, als diese in unseren Breitengraden noch als exotisch galten, ja geradezu skeptisch beäugt wurden. Mein Geist war erfüllt von einem Meer an Wissen und während meine Gedanken das Unbeschreibliche zu verstehen und einzuordnen versuchten, wurde mir langsam klar, dass Menschen auf der ganzen Welt unabhängig voneinander eine identische Erfahrung gemacht haben: Sie haben ihr ewiges Selbst erkannt und ungeachtet von Alter, Geschlecht, Herkunft oder Sprache war das Erlebnis für sie alle gleich. Viele machten es sich zur Lebensaufgabe, ihre Erkenntnis zu teilen. Doch wie wir noch entdecken werden, ist das Selbst äußerst schwer in Worte zu fassen – und das, obwohl es in seiner Natur überraschend schlicht ist. Um sich zu behelfen, griffen die Botschafter der frohen Nachricht vor allem auf Gleichnisse und Metaphern zurück. Jeder fand seinen eigenen Weg der Kommunikation, was durchaus zu Verwirrung führen konnte. Doch wenn man hinter die Begriffe blickte, wurde deutlich, dass sie im Kern alle dasselbe meinten. Platon, Laotse, Buddha, Jesus und Eckhart Tolle: Verkünder derselben Wahrheit, nur jeder in seiner eigenen Sprache und mit seinen eigenen Worten. Im Folgenden werden wir weniger das intellektuelle Verständnis als vielmehr die direkte Erfahrung anstreben – indem wir den Marmorblock der Lehren, Worte und Kulturen so durchdringen, dass nur noch das strahlende Selbst bleibt. Die zeitlose Weisheit der alten Meister wird uns hierbei begleiten.

Lasst uns vorher jedoch einen Blick darauf werfen, welche Rolle die Selbsterfahrung schon immer in der menschlichen Entwicklung spielte. Dabei beginnt unsere Reise im sonnenverwöhnten Süden Europas, wo im antiken Griechenland das Orakel von Delphi thronte. In den heiligen Hallen des Tempels von Apollo angesiedelt, wurde die sagenumwobene Weissagungsstätte lange Zeit als der Mittelpunkt der Welt betrachtet. Pilger aus allen Himmelsrichtungen suchten hier Antworten auf die unterschiedlichsten Fragen. Doch das Orakel war nicht gerade großzügig. Anfangs gewährte es nur einmal im Jahr Antworten, später monatlich, aber auch dann nur unter bestimmten Bedingungen. Im Winter verharrte es drei Monate in tiefem Schweigen. Die Wohlhabenden wurden mit ausführlicheren Antworten bedacht, während die Armen sich mit einem schlichten ‚Ja' oder ‚Nein' begnügen mussten. Doch jeder Suchende, ob arm oder reich, Frau oder Mann, Bauer oder Gelehrter, erhielt eine einheitliche Antwort: „Erkenne dich selbst." Diese Worte prangten für jeden sichtbar am Eingang des Tempels, denn das Orakel wusste: In der Selbsterkenntnis liegt die Antwort auf alle anderen Fragen, und das Orakel könnte dann endlich zur Ruhe kommen. Hunderte von Jahren nach dem goldenen Zeitalter des Orakels brechen wir nun gemeinsam auf, um dieser weisen Aufforderung nachzukommen. Und wenn du, liebe Leserin, lieber Leser, einmal die Ruinen des antiken Delphi durchschreitest und zwischen den alten Steinen wandelst, dann magst du flüstern: „Habe ich schon längst getan, liebes Orakel. Ich erkenne mich jetzt selbst."

In der Blütezeit des Orakels betraten auch Sokrates und sein herausragendster Schüler, Platon, die Bühne des Lebens und schenkten uns unvergleichliche Einblicke in das menschliche Dasein. Hierzu zählt das berühmte Höhlengleichnis, in dem es um das Streben nach Erkenntnis geht und das Platon als ein Gespräch zwischen Sokrates und dessen Schüler Glaukon darstellt. Vereinfacht wiedergegeben, soll Glaukon sich eine Gruppe von Menschen vorstellen, die seit ihrer Geburt in einer dunklen Höhle gefesselt sind und nur auf die Wand vor sich starren können. Hinter ihnen brennt ein Feuer, das die Geschehnisse außerhalb der Höhle als Schatten an die Wand vor ihnen wirft. Obwohl sich vor dem Eingang der Höhle das normale Leben abspielt, halten die Gefangenen die Schatten für die Realität. Jetzt wird ein Gefangener befreit und gezwungen, die Höhle zu verlassen. Anfangs wird er sich weigern, da das Licht der Sonne ihn blendet und die Farben und Geschehnisse außerhalb der Höhle ihn überwältigen. Aber sobald er sich an das Licht gewöhnt und die Realität erkannt hat, wird er nie wieder in die Dunkelheit der Höhle zurückkehren wollen. Ein überzeugendes Bild von Erkenntnis und Befreiung.

Das Streben nach Selbsterkenntnis endete natürlich nicht in der Antike. Bis in die heutige Zeit wird die Maslowsche Bedürfnispyramide als Erklärung für menschliche Bedürfnisse und Motivationen herangezogen. Gemäß dieser Pyramide sehnt sich der Mensch zunächst danach, seine elementaren physischen Bedürfnisse erfüllt zu sehen. Diese bilden die grundlegendste und weiteste Stufe, die jeder von uns betritt und die Wasser, Nahrung, Atmung, Fortpflanzung und Schlaf umfasst. Sind diese fundamentalen Bedürfnisse gestillt, erwacht in uns das Verlangen nach Sicherheit, das Arbeitsplatz, Wohnung, Familie und Gesundheit umschließt. Sobald auch dieser Bereich befriedigt ist, manifestiert sich das Bedürfnis nach sozialen Beziehungen, wozu Liebe, Sexualität, Familie, Freundschaft und Kommunikation gehören. Anschließend richtet sich unsere Aufmerksamkeit erneut auf die Individualität. Jetzt sucht der Mensch Erfolg, Anerkennung, Wertschätzung, Unabhängigkeit und Freiheit. Doch selbst wenn all diese Aspekte erfüllt sind, erwacht laut Maslow eine innere Unruhe, und der Mensch strebt nach mehr – nach dem, was ursprünglich die Spitze der Pyramide war und das Entfalten von Potenzialen und Talenten umfasst. Dazu gehören die Dinge, die Coaches heutzutage mit ihren Klienten ausarbeiten. Doch kurz vor seinem Tod erweiterte Maslow die Pyramide um einen weiteren, nun höchsten Punkt: die Transzendenz. Obwohl der Begriff auf den ersten Blick klingen mag, als würde er über das Selbst hinausführen, werden wir im Verlauf unserer Reise erkennen, dass es sich genau um jenes Selbst handelt, das hier behandelt wird. Denn wenn alle anderen Bedürfnisse erfüllt sind, will der Mensch erfahren, wer er wirklich ist. Du stehst an diesem Punkt, liebe Leserin, lieber Leser, sonst hättest du nicht zu einem Buch mit diesem Titel gegriffen. Ich hoffe, gemeinsam mit dir das große Geheimnis zu lüften und unser Leben mit dem Licht der Selbsterkenntnis zu durchfluten.

3

SELBSTERKENNTNIS FÜR ALLE

„Es ist ja nett, dass Selbsterkenntnis offenbar ein Bedürfnis von uns allen ist“, magst du jetzt sagen, „zumindest laut irgendeinem Maslow und einem Orakel, das irgendwann relevant war. Schön und gut. Aber warum sollte ich mich überhaupt selbst erkennen wollen? Was bringt mir das? Ich verstehe ja, dass Menschen essen und trinken wollen, dass sie sich nach Beziehungen sehnen und ein Dach über dem Kopf haben möchten. Idealerweise ein Dach auf einem wunderschönen Haus mit einem Pool daneben und einem Boot im nahegelegenen Hafen. Das alles leuchtet mir ein. Auch, dass ich Anerkennung möchte ist klar. Wer möchte das nicht? Es ergibt für mich auch Sinn, dass die Menschen damals das Orakel von Delphi dazu befragten, ob die Ernte gut wird oder ob die Frau fremdgeht. Das sind alles greifbare Dinge. Aber warum sollte mich interessieren, was mein Selbst ist? Sind solche Fragen nicht Denkern wie Platon und Sokrates vorbehalten? Diesen Kopfmenschen, die du schon erwähnt hast und die zwischen den Säulen der

Akropolis wandelten, ohne sich um den alltäglichen Wahnsinn kümmern zu müssen? Im Gegensatz dazu lebe ich in einem deutschen Ballungsgebiet, habe ein echtes Leben mit schreienden Kindern, viel zu hoher Miete und täglichen Herausforderungen. Ich habe weder die Zeit noch die Muße, mich mit den großen Fragen des Lebens zu beschäftigen. Also, warum in aller Welt, halte ich dieses Buch hier in der Hand?“

Du träumst von einem imposanten Haus mit einem glitzernden Pool und einem schicken Boot im Hafen? Das ist verständlich, und es soll dir auch nicht versagt sein. Doch hier liegt die Krux: Du strebst nicht wirklich nach den materiellen Dingen, von denen du denkst, dass sie so begehrenswert sind. Auch nicht nach den Immateriellen, wie Anerkennung und Erfolg. Vielmehr suchst du nach dem Gefühl, das du mit diesen Dingen verbindest. Das Dilemma besteht darin, dass keines dieser äußeren Dinge dich langfristig glücklich machen wird. Daher muss oft und regelmäßig nachgestockt werden. Hast du schon einmal beobachtet, wie aus großer Verliebtheit schnell Langeweile wurde und der nächste Partner aus dem Hut gezogen werden musste? Wie ein Auto gegen das nächste ausgetauscht wurde, um das Gefühl des ‚Erreichthabens‘ aufrechtzuerhalten? Dinge in der äußeren Welt können uns kein dauerhaftes und kontinuierliches Glück bescheren, aber Selbsterkenntnis kann das. Denn sie zeigt uns, wo unser ewiges Zuhause ist.

Ich sage dir also, warum du Selbsterkenntnis willst: Weil nichts auf dieser Welt so glücklich macht, wie sich selbst zu erkennen. Weil plötzlich alles Sinn ergibt. Weil man sich dann endlich zurücklehnen und erleichtert auflachen kann. Weil man dann das Leben in all seinen Facetten genießen kann. Weil man dann immer zu Hause ist, egal, wo auf der Welt man sich gerade befindet. Weil es einfach wundervoll ist und mit tiefer Zufriedenheit erfüllt. Weil man dann jede Sekunde des Lebens auskosten kann und selbst der Tod seinen Schrecken verliert. All das, liebe Freunde, nur weil man sich daran erinnert hat, wer man wirklich ist. Mag es auch weiterhin Momente der schlechten Laune, der Angst und der Trauer geben, man wird sich nicht mehr mit ihnen identifizieren. Stattdessen wird der gesamte Film des Lebens vor dem wundervollen Panorama des Selbst ablaufen. Ich hoffe, ich habe in dir die Neugier auf dein Selbst geweckt. Egal, ob du in Duisburg sitzt oder zwischen den Säulen der Akropolis flanierst – das Selbst ist für uns alle dasselbe, und Selbsterkenntnis unser tiefstes und drängendstes Bedürfnis!

4

NICHT NUR FÜR GURUS?

Okay, du bist überzeugt. Her mit der Selbsterkenntnis! Klingt gut und ist eigentlich ein durchaus realistisches Ziel, nicht wahr? Absolut! Aber statt Selbsterkenntnis könnte man auch Erleuchtung sagen. Und spätestens jetzt werden viele zusammenzucken und sich verschämt umsehen. Erleuchtung? Das geht nun wirklich zu weit! Ist das nicht nur etwas für Gurus? Ist es nicht anmaßend, als Normalbürger erleuchtet sein zu wollen? Die Antwort hierauf sollte einfach sein, denn ich richte diese Worte an dich, und ich bin ein Normalbürger in einer westlichen Gesellschaft und kein in Gewändern wandelnder Mönch in Tibet. Ebenso sind es zahlreiche andere Menschen, die heute mehr denn je die spirituelle Botschaft verbreiten. Selbsterkenntnis ist für jeden da und ein Geburtsrecht von allen.

Um zu zeigen, dass es nicht nur etwas für Gurus ist, wird gerne eine einfache Parabel herangezogen: Stell dir vor, du wärst ein Bettler, der jahrelang auf einer Truhe gesessen hat, ohne zu bemerken, dass sie voller Gold ist und du in Wahrheit unendlich reich bist. Du hast einfach nicht hineingeschaut. Ein Blick hinein, und du hättest die Wahrheit erkannt. Dafür wäre kein langer Prozess nötig gewesen, nur ein simples Heben des Deckels. Aber du warst es gewohnt, im Glauben an deine vermeintliche Armut zu leben und den Deckel geschlossen zu halten. Das Alte ist das Vertraute. Dabei hätte es nur einer winzigen Verschiebung deiner Sichtweise bedurft und du hättest von da an nicht mehr im Irrtum um deine Armut, sondern im Wissen um deinen Reichtum gelebt. Vielleicht kennst du auch die Bilder, die mit optischen Täuschungen spielen. Je nach Perspektive sieht das Bild anders aus. Sobald du deine Sichtweise änderst, verändert sich das ganze Bild und du schaffst es kaum mehr, das alte Bild wieder in den Fokus zu rücken, egal, wie sehr du es auch probierst. Genauso ist es mit der Erleuchtung: Sie kann in einer Sekunde passieren und schwupps – als würde ein Schalter umgelegt, sieht alles anders aus. Und rate mal, was dann passiert: Alles *ist* anders!

Erkenntnis geschieht also oft in einem einzigen Moment, ohne dass Zeit eine Rolle spielt. Die Vorstellung, Zeit und einen Prozess zu benötigen, um durch weitere Anhäufung von Wissen ‚spirituell würdiger' zu werden, kann sogar hinderlich sein. Eckhart Tolle gibt in seinem Bestseller *Jetzt* viele Beispiele, wie die Illusion von Zeit uns im Leiden gefangen hält. Er zitiert dazu zahlreiche Quellen, wie zum Beispiel eine berühmte Frage aus der Zen-Tradition: „Wenn nicht jetzt, wann?“ oder Meister Eckhart, der im 13. Jahrhundert feststellte: „Zeit ist das, was das Licht von uns fernhält.“ Recht hat er. Denn wenn die Wolken die Sonne freilegen, wird die Welt mit einem Mal hell – da bedarf es keiner Vergangenheit, keiner Zukunft, keiner Analysen und keiner Prozesse. Ebenso wartet das Selbst als unser tiefstes Geheimnis *jetzt* darauf, enthüllt zu werden. Und das werden wir hier tun, liebe Freunde. Wir werden gemeinsam den Deckel von der Truhe heben und erkennen, wie unendlich reich wir sind. Und den Deckel heben können nicht nur Gurus!

5

VOM LEIDEN ZUR FREIHEIT

Da wir gleich dem Bedürftigen auf der Truhe oft unseren eigenen Wert nicht erkennen, gebe ich dir weitere Beispiele aus dem wirklichen Leben, die verdeutlichen, dass Erleuchtung auch dir zusteht. Hierzu können zwei prominente spirituelle Lehrer, Byron Katie und Eckhart Tolle, uns inspirierende Einblicke geben.

Byron Katie hat 10 Jahre lang unter Depressionen, diversen Abhängigkeiten, Ängsten, Wutausbrüchen und Essstörungen gelitten, als sie eines Morgens mit 43 Jahren in einer besonders dunklen Stunde auf dem Boden eines Übergangsheimes für Frauen aufwachte und eine Erleuchtung hatte: Sie litt nur, wenn sie ihren destruktiven Gedanken Glauben schenkte. Wenn sie ihnen jedoch nicht glaubte, sondern einfach im Sein verweilte, dann war alles Leid weg. Daraufhin entwickelte sie *The Work*, eine Methode, mit der man seine Gedanken unter die Lupe nimmt und erkennt, dass die Realität gegen Gedankenkonstrukte immer gewinnt. Byron Katie, bis zu diesem Zeitpunkt mit ihrem Leben komplett überfordert, konnte man wirklich nicht als traditionellen Guru bezeichnen. Und doch brauchte es nur einen Moment, dass sie zu ihrem wahren Selbst erwachte und nichts war jemals wieder wie zuvor.

Auch Eckhart Tolle, meines Erachtens einer der weisesten spirituellen Lehrer unserer Zeit, hatte ein vergleichbares Erlebnis. Der in Lünen bei Dortmund geborene Eckhart, damals noch Ulrich, litt ebenso wie Byron jahrelang unter Depressionen. Im Alter von 29 Jahren wachte er eines Nachts auf und erfuhr einen überwältigenden psychischen Schmerz. Der Gedanke formte sich in ihm, dass er nicht mehr mit sich selbst leben könne und er seinem Leben ein Ende bereiten sollte. Im selben Moment kam ein anderer Gedanke auf: Wer ist diese Person, mit der er nicht mehr leben konnte? Er erkannte, dass es sich hier nicht um das wahre, sondern um das von Menschen konstruierte Selbst handelte, mit seiner Schwere, seinen Problemen, seiner Kleinheit und seiner Angst. In dem Moment, wo ihm das bewusst wurde, brach dieses falsche Konstrukt zusammen und nur das Echte blieb, was Tolle unter anderem ‚Präsenz', ‚Sein' oder ‚Jetzt' nennt. Sein Leben war nie wieder das Gleiche.

Bitte nimm dir einen Moment, um die Erfahrungen von Byron Katie und Eckhart Tolle zu reflektieren. Was ist das wahre Selbst hinter unseren destruktiven

Gedankenkonstrukten und der selbstgemachten Persona? Kannst du bereits die Freiheit spüren, die sich hinter all dem verbirgt? Und waren die beiden wirklich Gurus, als sie erleuchtet wurden? Wenn Menschen wie Byron aus Texas und Ulrich aus Lünen plötzlich die Wahrheit erkennen konnten, was sollte dir dann im Wege stehen?

6

IRRWEGE UND HINDERNISSE

Ja, was steht dir im Wege? Selbsterkenntnis klingt mittlerweile wundervoll für dich und du bist bereit! Selbst dann, wenn wir sie Erleuchtung nennen. Wo können wir beginnen? Wir können den Anfang machen, indem wir uns zunächst anschauen, was uns bisher davon abgehalten hat, uns selbst zu erkennen. Dies lässt sich in einem Wort zusammenfassen: Konditionierung! Es ist unsere ach so fragile, aber gleichzeitig unendlich überzeugende Konditionierung, die uns im Wege steht und den klaren Blick auf die Selbsterkenntnis versperrt. Was genau bedeutet das? Ganz einfach: Wir haben von Kindesbeinen an das Falsche gelernt. Nicht nur wir, sondern unsere gesamte Gesellschaft. Wir haben den Karren vor das Pferd gespannt. Erlaube mir zu erklären, was ich damit meine: Unter Konditionierung verstehe ich all die Glaubenssätze, die uns seit unserer Kindheit durch Worte und Taten eingetrichtert und dadurch ungefragt zu Automatismen wurden. Sie wurden uns von unseren Eltern, der Gesellschaft und den Menschen um uns herum eingeflößt – nicht, weil sie es schlecht oder böse meinten, sondern weil auch sie daran glaubten. Doch jetzt ist es an der Zeit, den Mut aufzubringen, diese alten Glaubenssätze, die so viel unnötiges Leid erschaffen haben, infrage zu stellen und zu durchleuchten. Und sie dahin zu scheuchen, wo sie hingehören: ins Jenseits.

„Was genau stimmt denn nicht mit den alten Konditionierungen?“, magst du jetzt fragen. „Immerhin sind wir doch recht gut durchs Leben gekommen.“ Richtig, durchs Leben gekommen, als sei es eine mühsame Pflicht und nicht ein großes Geschenk. Denn der Hauptfehler, den wir machen, lässt sich folgendermaßen beschreiben: Wir leben von außen nach innen, anstatt von innen nach außen. In unserer Gesellschaft wird uns suggeriert: Wenn du schön, reich, erfolgreich, fleißig, präsentabel und intelligent bist, wird alles gut. Dann wirst du glücklich sein und endlich an den Punkt kommen, den du immer erreichen wolltest – dann bist du ‚zu Hause‘. Es wird auch gerne der Ausdruck ‚angekommen‘ bemüht. Die Liste der Adjektive, die wir sein sollen, um ‚anzukommen‘, lässt sich beliebig fortsetzen und ist niemals zu Ende. Auch ändern diese Werte sich von Kultur zu Kultur und von Zeit zu Zeit, aber das lässt uns nicht stutzig werden. Stattdessen hetzen wir ihnen nach, als seien sie tatsächlich die Lösung, um unser Bedürfnis nach ‚Ankommen‘ zu stillen. Und dieses Gefühl soll dann möglichst für die Ewigkeit fortbestehen. Das ist das ultimative Ziel, nicht wahr?

Bitte nimm dir einen Moment, um in dich selbst einzutauchen und zu überprüfen, ob dir die folgenden Situationen bekannt vorkommen: „Sobald ich diese Prüfung bestanden habe, ist alles gut." „Sobald ich den richtigen Partner gefunden habe, ist alles gut." „Sobald ich diese Gehaltserhöhung habe, ist alles gut." Besonders gerne: „Sobald ich meinen Traummann geheiratet habe, ist alles gut." Klingt vertraut? Die Sache ist die: Es mag schon sein, dass nach Erreichen des Ziels die Freude über diese Dinge auf einer gewissen Ebene anhält, doch es wird nicht automatisch die Antwort auf alles sein, und du wirst dich von diesem Moment an nicht nachhaltig anders fühlen. Weißt du, warum? Weil keine äußeren Umstände zu einer dauerhaften Veränderung in unserem Inneren führen können. Wäre dies nämlich der Fall, so gäbe es heute nur glückliche Menschen auf der Erde. Schließlich haben wir alle schon einmal eine Prüfung bestanden, auf die wir hingezittert haben, den Jungen oder das Mädchen geküsst, nach denen wir uns verzehrt haben, und den ein oder anderen Erfolg vorzuweisen gehabt, den wir im Vorhinein als immens wichtig erachtet haben.

Doch seien wir ehrlich: Die meisten von uns laufen trotz dieser erreichten Ziele schon wieder einer Sache hinterher. Denn die innere Unruhe und Unzufriedenheit lassen sich mit nichts von außen füllen. Der stetige Versuch, dies trotzdem zu tun, führt zu all den Süchten, unter denen unsere Gesellschaft heute leidet: der Sucht nach Arbeit, Alkohol, Ablenkung, Drogen, Tabletten, Shoppen und was einem da sonst noch einfällt. Wir erleben eine kurze Befriedigung mittels Dopaminausschüttung, aber immer schneller und öfter bahnt sich unsere innere Unerfülltheit wieder den Weg nach oben und wir brauchen die nächste Abhilfe wie ein Drogensüchtiger den nächsten ‚Fix'. Ein Teufelskreis, hinter dem das ständige Bedürfnis nach Erlösung steht.

Mit dem Erreichen des nächsten Ziels allein ist es jedoch noch nicht getan. In unserem Drang anzukommen, wird uns nicht nur gesagt, was wir alles sein sollen, sondern es wird uns weiterhin vorgegaukelt, dass wir umso perfekter und glücklicher werden, je mehr wir haben. Denn dann ‚fehlt' uns nichts mehr, wir sind ‚komplett'. Daher häufen wir auch so gerne an. Wenn wir eine Familie haben, ein Haus, eine Karriere, ein Auto, dann denken wir, dass wir angekommen sind. Zumindest meinen wir das vorübergehend, denn bald stellt sich wieder die alte Unzufriedenheit ein, das nagende Gefühl, dass etwas ‚fehlt'. Wenn wir dann das Glück haben, noch mehr Geld zu verdienen, können wir mehr anhäufen oder uns ‚Besseres' anschaffen. Die Frau wird jünger, der Mann erfolgreicher, das Auto schnittiger, dazu kommt ein Boot, dann ein größeres Boot, erst ein Ferienhaus in Österreich, dann in Südfrankreich, die Hobbys werden teurer, die Weine erlesener, die Nasen kleiner, die Brüste größer, die Taillen schmaler und das Gesicht faltenfreier. Das ist auch völlig okay und es ist ja auch nichts gegen Luxus zu sagen. Ganz im Gegenteil – man kann ihn durchaus genießen, aber man sollte nicht dem Irrtum unterliegen, dass dort das Glück liegt. Denn diese Dinge sind lediglich Futter für das Ego, das unersättlich ist und immer mehr braucht.

Wie kam es zu dieser verkehrten Welt? Ich kann es mir nur damit erklären, dass es zu viele unbewusste Menschen gab und es zumindest materiell der Gesellschaft dient, wenn wir einen ständigen Hunger nach ‚mehr' verspüren. Denn solange wir glauben, etwas zu brauchen, sind wir offen für Manipulation von außen und öffnen bereitwillig unsere Geldbörsen. Es handelt sich hier um eine Manipulation, die ganz legal und für alle sichtbar vor sich geht. Sie nennt sich Marketing. So verstehen es geschickte Marketingexperten ausgezeichnet, mit unserem Bedürfnis nach Vollkommenheit zu spielen: „Sobald du dieses Produkt hast oder dich auf dieses Erlebnis einlässt, dann bist du glücklich – dann bist du endlich (!) erlöst und angekommen." Ein Diamantring für die Ewigkeit, eine Schweizer Uhr, die deinen Status hebt, ein Kunstwerk, das sonst keiner besitzt. Milliardenbudgets werden für diese Geschichten ausgegeben. In einem Jahr sind es mehrere hundert Milliarden Dollar in den USA allein. Da ist es kein Wunder, dass wir an diese Ammenmärchen glauben. Sie sind allgegenwärtig und wenn man nicht gerade in einer Höhle lebt, kann man sich ihnen kaum entziehen. Man darf uns sogar etwas als Essen verkaufen, was gar nicht als Lebensmittel angesehen werden dürfte, da es nach einem kurzen Zuckerrausch nur krank, dick und müde macht. Wenn die Industrie sagen würde: „Hey, du hast alles, was du brauchst, schon in dir, und bist perfekt, wie du bist", dann würden nur sehr wenige Geld damit verdienen. Klar, wir müssten immer noch essen, uns kleiden und eine Bleibe haben, aber wir bräuchten nicht immer das Neueste vom Neuesten, sondern könnten uns auch mal zufriedengeben und unseren eigenen Kopf und gesunden Menschenverstand einschalten. Aber das ist schwierig, wenn man von allen Seiten beeinflusst wird.

Lasst uns darüber im Klaren sein, dass nur eines uns wirklich glücklich machen und erfüllen kann. Und das ist eine bewusste Verbindung mit uns selbst, genauer gesagt ein Erkennen unseres perfekten, ewigen Selbst. Vielleicht brauchen wir ab und zu kleine Wegweiser, wie dieses Buch, die uns mit der Nase darauf stupsen, aber letztlich suchen wir nichts außerhalb von uns, sondern nur nach etwas, das schon immer in uns drinnen war. Wie schön wäre es daher, wenn wir unsere eigene, innere Stimme zu unserer Richtschnur machen würden und nicht auf diejenigen hören, die den größten Lärm verursachen.

7

WEGWEISER NACH INNEN

Es ist offensichtlich, dass wir einfach nur glücklich und erfüllt sein wollen. Die herkömmlichen Wege, die uns dafür vorgeschlagen werden, scheinen jedoch in die Irre zu führen. Was also tun? Die Antwort liegt auf der Hand: Niemand wird bestreiten, dass Glück ein inneres Gefühl ist. Warum also den Umweg über äußere Umstände wählen, um einen inneren Zustand zu erreichen? Warum nicht einfach glücklich sein, unabhängig von äußeren Einflüssen, und dann beobachten, wie sich das Leben im Außen entfaltet? Man könnte behaupten, dass ein solcher Vorschlag esoterisch, weltfremd und unrealistisch ist. Doch für Menschen wie Shawn Achor, Harvard-Dozent, populärer TED-Sprecher, Berater für das Weiße Haus und das Pentagon sowie Autor des Buches *Das Happiness Prinzip*, ist dies die einzig praktikable Herangehensweise. Empirische Studien von Achor zeigen, dass wir erst glücklich sein müssen, und dann folgt der Rest. Andersherum funktioniert es nur mit Mühe. Glück fördert Erfolg, nicht umgekehrt!

Viele mögen sich jetzt fragen: Wie geht das? Wie kann ich glücklich sein, wenn ich gerade alles verloren habe oder im Begriff bin, etwas zu verlieren, das mir lieb und teuer ist? Tatsächlich durchzieht die tiefe Angst vor dem ‚Verlieren' unsere Gesellschaft wie ein Gift. Die Angst, den Job zu verlieren, die große Liebe wieder zu verlieren, die Gesundheit zu verlieren – all diese Errungenschaften können so flüchtig sein, da ist es kein Wunder, dass wir unter ständiger Anspannung leben. Wir müssen pausenlos alle Bälle in der Luft halten und wie ein Zirkusclown jonglieren, damit unser mühsam aufgebautes Konstrukt nicht wieder zusammenbricht. Denn das wäre das Schlimmste. Ein Zusammenbruch unseres äußeren Lebens bedeutete Schmach und Schande, und wir stünden als Versager da. Interessanterweise ist es jedoch so, dass viele Menschen in dem Moment zur Erleuchtung (und damit zum Glück) finden, in dem sie alles verlieren oder nichts so läuft, wie sie es sich vorgestellt haben. In dem Moment, wo sie denken „Das ist das Ende!", merken sie, dass sie alles sind, was sie brauchen. Immer komplett, immer da und erstaunlicherweise immer fähig, Glück zu empfinden. Dann können sie wieder anfangen, Dinge anzuhäufen, sosehr sie Lust haben. Doch dann geschieht es aus einer unbekümmerten Freude heraus und um die Vielfalt des Lebens zu genießen, nicht mehr basierend auf einem Gefühl des Mangels und der Bedürftigkeit. Solchen Situationen entspringt auch der Satz „Ich habe alles verloren und mich selbst gefunden."

Ziehen wir in diesem Zusammenhang nochmals Byron Katie und Eckhart Tolle heran sowie Neale Donald Walsch, den Autor von *Gespräche mit Gott.* Beginnen wir mit letzterem. Neale Donald Walsch durchlebte eine Zeit großer Herausforderungen, als ein Feuer sein weltliches Hab und Gut zerstörte, seine Ehe sich auflöste und ein Autounfall ihn mit einem gebrochenen Genick zurückließ. Wieder genesen, war er weiterhin allein, arbeitslos und im Streit mit seiner Versicherung, die sich weigerte, für den Unfall aufzukommen. Diese Umstände zwangen ihn schließlich, in einem Zelt zu leben und seinen Lebensunterhalt mit dem Sammeln von Aluminiumdosen sowie Almosen zu bestreiten. Kurz nachdem er es geschafft hatte, sich einen Job sowie eine kleine Wohnung zu sichern, fühlte er sich wieder voll drin im Hamsterrad und fragte sich, beziehungsweise Gott, wutentbrannt, ob das wirklich alles im Leben gewesen sein könnte. Einer Eingebung folgend schrieb er dann *Gespräche mit Gott,* das ein international gefeierter Bestseller wurde. Seitdem lebt er nicht nur in spirituellem, sondern auch in materiellem Reichtum. Wie wir festgestellt haben, waren auch Eckhart Tolle und Byron Katie nach weltlichen Vorstellungen am Tiefpunkt ihres Lebens angelangt. Der Moment der Erleuchtung änderte hingegen alles für sie. Eckhart Tolle verbrachte danach viel Zeit in der Natur und staunte über das Wunder des Lebens. Dabei lebte er bewusst simpel, denn er wusste: Er braucht nicht mehr. Das Grundlegendste für ihn ist der seitdem kontinuierlich herrschende Frieden, der alles durchzieht, was er macht. Ähnlich geht es Byron Katie, die im Moment ihrer Erleuchtung ein Glücksgefühl erfahren hat, das sie nie wieder verlassen hat. „Nicht für eine Sekunde“, wie sie beteuert. Heute sind sowohl Byron Katie als auch Eckhart Tolle weltberühmte spirituelle Lehrer, die in Freude und Fülle leben. Ihr inneres Glück hat sich wie bei Neale Donald Walsch in Erfolg und materiellem Wohlstand niedergeschlagen.

Doch wir brauchen gar nicht die Beispiele berühmter Menschen, um uns das Prinzip zu verdeutlichen, denn du kennst es von dir selbst: Wenn du glücklich bist, läuft alles gut und geht dir leicht von der Hand. Du siehst die Welt mit anderen Augen, bist großzügig, freundlich und tolerant. Du betrachtest die Dinge mit einem Zwinkern und einer Prise Humor, anstatt alles so unglaublich ernst zu nehmen. Wenn du glücklich bist, ist die Welt voller Möglichkeiten, die du mit offenen Händen ergreifst. Wenn es dir hingegen schlecht geht, verkrampft sich alles in dir und du ignorierst die wundervollen Gelegenheiten, die sich um dich herum auftun. Auch hierfür gebe ich dir ein berühmtes Beispiel, das fast unglaublich scheint, aber das du überall nachlesen und auf YouTube sogar anschauen und selbst testen kannst: An der Harvard Universität wurde ein Experiment durchgeführt, bei dem die Versuchspersonen sich ein kurzes Basketballspiel anschauen sollten, in dem zwei Teams mit jeweils drei Spielern gegeneinander spielten. Ein Team war in weiß gekleidet und eines in schwarz. Den Probanden wurde die Aufgabe erteilt, die Pässe von dem weißen Team zu zählen. Während des Spiels, das nur etwa eine Minute dauerte, lief ein als Gorilla verkleideter Mensch ins Bild, schaute in die Kamera, trommelte sich auf die Brust und ging weiter. Hinterher befragt, ob sie den Gorilla gesehen hätten, sagte die Hälfte der Gruppe erstaunlicherweise nein. Sie waren so konzentriert, dass sie das Offensichtliche – einen Gorilla! – nicht gesehen haben! Dieses Phänomen wird in der Psychologie 'Inattentional Blindness' genannt. Das Gleiche passiert, wenn du vor Angst und Anspannung einen Tunnelblick bekommst. Du siehst Möglichkeiten nicht, die sich direkt vor deinen Augen auftun. Wie kann man da ein erfülltes Leben führen?

Wir sollten daher alles tun, um unser Innenleben aufzuräumen, und unser Äußeres wird automatisch folgen. Aber was machen wir stattdessen? Wir kümmern uns ausgiebig um unsere äußere Erscheinung, halten körperliche Hygiene hoch und würden nicht mit ungeputzten Zähnen und ungekämmten Haaren das Haus verlassen. Das ist auch ganz wunderbar, wenn wir es nur im Inneren nicht verrotten lassen würden. Denn dort müffelt es zum Teil ganz schön, und dann wundern wir uns, wenn unser Leben nicht nur innerlich verkümmert, sondern auch im Außen nicht zu seiner vollen Pracht erblüht. In dem vergeblichen Versuch, den emotionalen Mief nicht wahrzunehmen, essen, trinken, shoppen und scrollen wir. Es ist, als würden wir anfangen, schlecht zu riechen, und schnell eine neue Hose überziehen sowie Parfüm auflegen. Am Anfang werden diese Maßnahmen den schlechten Geruch vielleicht noch übertünchen, aber lange wird das nicht anhalten. Irgendwann ist es an der Zeit, sich zu waschen, wenn die mangelnde Hygiene nicht zu Krankheit und Isolation führen soll.

Und zwar von innen waschen, meine Freunde! Dieser Weg wird auf den ersten Blick nicht allen gefallen, da es möglicherweise einfacher erscheint, sich mit neuen Dingen zu schmücken, als in die Tiefen unserer Psyche abzutauchen und dort Ordnung zu schaffen. Aber es ist nicht nur der einzig mögliche Weg, sondern auch der einzige Weg, den wir beeinflussen können. Denn zu unserem Inneren haben wir direkten Zugang, während äußere Dinge von allerlei Faktoren abhängen, die sich oft unserer unmittelbaren Kontrolle entziehen. Es ist daher sehr ermächtigend, bei sich selbst anzusetzen. Aber egal, ob wir es mögen oder nicht: Das Leben entfaltet sich immer von innen nach außen, das ist einfach ein Fakt. Das Küken schlüpft aus dem Ei, die Blume aus der Zwiebel, die Raupe aus dem Kokon, erst kommt die Idee, dann die physische Manifestation, erst der Gedanke, dann das Wort, erst der Impuls, dann die Bewegung und so weiter. Genauso ist unsere äußere Realität eine direkte Reflexion unseres Innenlebens.

Jetzt können wir natürlich eine innere Baustelle nach der anderen bearbeiten, wie es in diversen Therapien getan wird, und was zum Teil auch durchaus hilfreich ist. Wir können aber auch gleich an die Wurzel gehen und gewissermaßen einen Vollwaschgang durchführen. Das passiert, wenn wir unser Selbst erkennen und sein heilendes Licht auf alles werfen. Stell dir ein Haus voller dunkler Räume, Gänge und Ecken vor. Anstatt mit der Taschenlampe von Raum zu Raum zu wandeln, nehmen wir das Dach ab und lassen die

Sonne darauf scheinen. Sofort wird alles hell. Im selben Moment. Es braucht keine Zeit, es braucht keine Arbeit. Die Dunkelheit weicht dem Licht. Immer. Daher Erleuchtung. Möchtest du also weiter herumackern oder alles auf einmal im Licht baden?

TEIL II

DAS SELBST

8

DIE EWIGE PRÄSENZ

Werfen wir also Licht auf das Selbst. Wie du sehen wirst, ist das gar nicht so schwer.

Wenn ich dich frage: „Wer bist du?“, dann antwortest du vielleicht:

„Ich bin Paula, 42 Jahre alt, lebe in Hamburg, esse gerne Spargel und trinke am liebsten Apfelschorle. Ich bin mit Michael verheiratet und habe einen Sohn, Tim, und eine Tochter, Sarah. Außerdem bin ich Buchhalterin.“ Du denkst kurz nach. „Ja, das bin ich. So kann man mich beschreiben.“

Ich frage zurück: „So, so, als du noch nicht 42 Jahre alt warst, da warst du also noch nicht du. Als du 10, 12 oder 21 Jahre alt warst. Als du noch nicht mit Michael zusammen warst oder wenn ihr euch trennen würdet, dann wärst du also nicht mehr du? Wenn du einen anderen Namen hättest oder deine Kinder zwei Jungs wären, dann wärst du nicht mehr du?“

Du denkst nach. Die Vorstellung, nicht mehr du zu sein, wenn Michael mit seiner aufgetakelten Sekretärin durchbrennen würde, missfällt dir. Und dass deine Identität an deinem Namen und deinem Beruf hängt, ebenso. Du denkst an die Dinge zurück, die du dir gewünscht hast und an all die Sachen, die anders sein könnten, als sie es heute sind. Zum Beispiel wolltest du nie wirklich Buchhalterin werden. Definiert dich das also? Dann denkst du an das süße Mädchen zurück, das du mit zehn Jahren warst. Das mit blonden Locken und krummen Beinchen lachend über die Wiese gelaufen ist. Damals gab es Michael, Sarah und Tim noch nicht. Damals hat dein Herz deinem Hund Snoopy gehört, der dort bis heute einen sicheren Platz einnimmt.

Wenn du an dieses Mädchen von früher zurückdenkst, dann weißt du – das warst auch schon du. Klein, etwas rundlich, mit Pausbacken und keinem von den Dingen, die dich heute ausmachen, aber trotzdem unverkennbar du. Erstaunt schaust du mich an.

„Doch“, sagst du. „Selbst als es diese Dinge noch nicht gab, war ich schon ich.“

„Gab es irgendeinen Moment, in dem du nicht du warst?“, frage ich zurück.

Du denkst nach. „Nein“, antwortest du dann. Denn egal, was in deinem Leben vorgefallen ist, ob du klein oder groß warst, dick oder dünn, glücklich oder unglücklich, nüchtern oder berauscht, hellwach, schlafend oder sogar bewusstlos, du warst doch immer du. Erstaunt schaust du mich an.

„Ich bin immer ich“, stellst du fest. „Da ist diese Präsenz, die immer ich ist.“

„Präsenz, ah, hervorragendes Wort!“, lobe ich. „Diese Präsenz, wie sieht die aus?“

„Man kann sie nicht sehen.“

„Ah, ok. Wiegt sie viel oder wenig? Ist sie männlich oder weiblich?“

„Weder noch. Sie ist einfach.“

„Aha! Aber ist sie christlich oder muslimisch oder buddhistisch oder hinduistisch oder jüdisch? Sie muss doch eine Religion haben.“

Du lachst. „Sie hat keine Religion.“ Du spürst, eine Religion würde diese Präsenz nur unnötig einschränken.

„So, so.“ Kurz denke ich nach. „Kannst du sie verlieren? Kann sie dich einfach verlassen?“

„Nein, sie ist ja ich.“ Unauffällig schüttelst du den Kopf über mich.

„Brauchst du für sie einen extra Platz im Flugzeug? Musst du sie im Auto anschnallen?“

Wieder lachst du. „Natürlich nicht. Weder noch. Sie kann ja auch gar nicht verletzt werden.“

Kurz bist du erstaunt über deine eigenen Worte. Deine Präsenz kann gar nicht verletzt werden? Wow, das wäre was! Aber doch bist du dir sicher, dass es so ist.

Ich bin jedoch noch nicht fertig. „Welche Farbe hat sie? Wie sieht sie aus?“

„Keine Farbe“, antwortest du, mittlerweile nachdenklich. Dir ist nicht mehr nach Lachen zumute. Du spürst, etwas in dir öffnet und klärt sich.

Aber ich gebe nicht auf. „Wenn du keine Lust mehr auf diese Präsenz hast, kannst du sie dann verscheuchen? Oder sie zumindest bitten, draußen zu bleiben, während wir uns hier drinnen unterhalten?“

„Nein, das kann ich nicht“, murmelst du. „Sie ist immer ganz genau da.“

„Aber umbringen kannst du sie doch sicherlich", will ich wissen. „Mit einem Schwert zerschneiden."

„Nein, ich kann sie nicht umbringen. Diese Präsenz ist einfach", sagst du und deine Stimme wird immer leiser.

„Dann sag mir – wovor hast du Angst?"

9

DIE KRAFT DER AUFMERKSAMKEIT

Hier könnte deine Reise bereits ihren Abschluss finden. Zusammen mit Paula hast du erkannt, dass diese ewige Präsenz existiert – sogar mehr noch, du begreifst, dass du diese Präsenz selbst bist. Daher bezeichnen wir sie als das Selbst. Und was bedeutet Selbsterkenntnis wirklich? Es ist nichts anderes als das schlichte Erkennen dieses Selbst, ein bewusstes Wahrnehmen, eine Metamorphose der Perspektive. Es erfordert keine Handlung, keine Zeit, sondern nur einen erhellenden Augenblick, einen Geistesfunken. Etwas ist hier sehr wichtig zu verstehen: Du kannst das Selbst nicht hinaufbeschwören, es besser oder schlechter machen oder mehr oder weniger. Es *ist* immer und es *ist* immer perfekt. Worum es uns hier lediglich geht, ist, es zu erkennen und uns damit wieder an unsere ewige Natur zu erinnern.

Ich lade dich ein, das letzte Kapitel erneut auf dich wirken zu lassen, es vielleicht sogar ein zweites Mal zu lesen. Mach dir bewusst, was stets präsent war, unabhängig davon, wie sich dein Körper, deine Gedanken, Emotionen und Lebensumstände verändert haben. Achte hier auch auf die Sprache – es ist *dein* Körper, es sind *deine* Gedanken, *deine* Emotionen, *deine* Lebensumstände. Das heißt, diese Dinge gehören dir. Du bist jedoch nicht diese Dinge. Was bist du dann? Richtig – du bist das Selbst, das hinter all diesen Dingen existiert. Nach dieser ersten bewussten Wahrnehmung des Unabänderlichen in dir, nach dem Moment der Selbsterkenntnis, erlaubt es dir jeder Augenblick, zu entscheiden, wohin du deine Aufmerksamkeit lenken möchtest – auf die Gipfel und Täler des Alltags oder auf das unabänderliche Panorama, vor dem sich der Alltag abspielt. Die Aufmerksamkeit immer wieder auf das Selbst zu richten, zu dem, was sich nicht verändert – das, liebe Freunde, versteht man unter Meditation.

Weil sich die dualistische und ständig wechselnde Welt der Gegensätze jedoch so unglaublich farbenfroh, faszinierend und verführerisch darstellt, erfordert es etwas Übung, unseren Fokus immer wieder auf das Ewige zurückzuführen. Zu einfach ist es, uns komplett in den Ablenkungen des sinnlich Wahrnehmbaren zu verlieren. Daher werde ich im Folgenden wiederholt auf Paulas Erfahrung zurückkommen und dich immer wieder mit der Nase auf das Unabänderliche stupsen, das du wirklich bist – damit es eine Selbstverständlichkeit für dich wird, in dem freudigen Wissen um deine ewige Natur zu leben.

10

DIE VERFÜHRERISCHE WELT DES DUALISMUS

Bevor wir uns endgültig dem zeitlosen Selbst zuwenden, tauchen wir nochmals in die dualistische Welt der Gegensätze ein. Unser Ziel ist es, im Sinne des Reduktionismus alles zu eliminieren, was wir nicht sind, um einen klaren Blick auf das zu erlangen, was wir wirklich sind. *Ein Kurs in Wundern* stellt fest: „Nichts Wirkliches kann bedroht werden. Nichts Unwirkliches existiert." Was ist also das Wirkliche? Betrachten wir unsere dynamische Welt, erkennen wir schnell, dass alles dem ständigen Fluss der Veränderungen unterliegt. Alles entsteht, erblüht und stirbt in jedem Moment in seiner alten Form, um in neuer Form wiederzuerwachen. Doch wenn alles Sinnlich-Wahrnehmbare in seiner alten Form immer wieder stirbt, kann es nicht nur bedroht, sondern sogar zerstört werden. Somit kann es nicht das Wirkliche sein, sondern nur ein flüchtiger Ausdruck davon. Ist es nicht eigenartig, dass uns die Welt der Gegensätze, wo nichts jemals gleich bleibt, so vertraut erscheint, während das Ruhen im ewigen Selbst uns nervös und zappelig macht wie einen Haufen Ameisen? Schauen wir, wie alles auf der Welt dem kontinuierlichen Wandel unterliegt:

Die Erde dreht sich rasant um ihre eigene Achse und zieht gleichzeitig ihre Bahn um die Sonne. Unser Blut fließt beständig durch unsere Adern, und unsere Zellen erneuern sich schneller als die Schlagzeilen einer Boulevardzeitung. Heute bist du physisch betrachtet nicht mehr derselbe Mensch wie vor einem Jahr – ach, was sage ich da – wie vor einer Sekunde. Auch deine Gedanken und Gefühle unterliegen einem ständigen Wechsel. Während einige Vertreter der männlichen Fraktion vielleicht behaupten, dass dieser Wechsel bei ihren weiblichen Pendants besonders schnell vonstattengeht, werden diese eventuell erwidern, dass Männer gar nicht wissen, wovon sie sprechen, wenn es um Gefühle geht. Aber lassen wir das dahingestellt sein. Denn auch die Konzepte von Geschlechtern sind im Fluss, wie uns die sich ändernde Gesellschaft zunehmend bewusst macht. Die Bandbreite menschlicher Identifikation nimmt zu. Während viele Angst vor dieser neuen Sichtweise haben und versuchen, Dinge zu fixieren, die sich nicht fixieren lassen, wissen andere, dass dies gar nicht notwendig ist. Sie ruhen in ihrem ewigen Zuhause – dem Selbst. Lassen wir uns weiter auf den Fluss der Veränderungen ein: Die Luft um uns herum verändert sich ständig, Wolken ziehen über den Himmel, und die Sonne flackert am Firmament. Unsere Lebenssituation ändert sich von Moment zu Moment, und auch die Dinge, die wir gerne festhalten würden, verändern sich, so etwa unsere romantischen Beziehungen. Mal liebst du deinen Partner über alles, mal würdest du ihn am liebsten auf den Mond schießen, und ihm geht es wahrscheinlich genauso. Mal findest du ihn so attraktiv, dass er dir die Luft zum Atmen nimmt, dann nimmt er dir wieder die Luft zum Atmen – nur dieses Mal, weil er die Socken wechseln sollte. Mal lacht ihr zusammen, und es scheint kein Grashalm zwischen euch zu passen; mal fragst du dich, ob dieses fremde Wesen und du wirklich von demselben Planeten stammen. Dann kauft er dir einen Diamanten ‚für die Ewigkeit', aber natürlich ist auch der nicht für die Ewigkeit. Schon hat der nächste Dieb sein Kennerauge darauf geworfen, und du musst deinen wertvollen neuen Besitz in den Safe schließen, um ihn ein wenig ‚ewiger' bei dir zu behalten. Und selbstverständlich verändert sich auch der Diamant, wenn auch nur sehr langsam. Genauso wie die teure Schweizer Uhr oder das begehrte Kunstwerk. Wir Menschen verändern uns sogar bewusst im Laufe eines Tages, indem wir immer wieder in unterschiedliche Rollen schlüpfen – mal sind wir Sohn oder Tochter, mal Mutter oder Vater, mal Arbeitgeber, mal Arbeitnehmer, mal Liebhaber oder Geliebte, mal Schüler oder Lehrerin, mal Gast oder Gastgeberin. In jeder sozialen Situation stellen wir etwas anderes dar. Zudem hat jeder von uns einen unterschiedlichen Geschmack, Humor, eine andere Persönlichkeit und ein unterschiedliches Äußeres. Wobei auch diese sich im Laufe eines Lebens immer wieder ändern. Doch je tiefer wir gehen, desto ähnlicher werden wir uns, bis wir schließlich zum ewigen Selbst gelangen, in dem sich alle Formen auflösen, und in dem wir alle eins sind. Die Präsenz, die Paula hinter allem erkannt hat und die immer ist.

Die Wirrungen des Wechsels im Vergleich zur Beständigkeit des Selbst lassen sich besonders schön anhand eines Traumes verdeutlichen. Stell dir vor, du träumst, dass dich jemand verfolgt und du einen dunklen Weg entlangläufst. Oder du träumst, dass du ein Golfturnier gewinnst, die Goldmedaille küsst und alle dir zujubeln – alles scheint real, während du träumst. Der Traum löst im Körper ähnliche Reaktionen aus wie der Wachzustand: Gedanken, Empfindungen, Schwitzen, einen schnelleren Herzschlag. Dann wachst du schweißgebadet auf und erlebst Erleichterung oder Bedauern, wieder in der Wirklichkeit zu sein. Aber der Traum verfolgt dich den ganzen Tag. Ist er also wirklich so irreal? Bei dem Golfturnier warst du der Spieler, der Schläger, die Medaille, das Feld und die Menschen, die dir zujubeln; bei der Verfolgungsjagd Verfolgte und Verfolger. Denn nichts davon existiert außerhalb von dir; wo fängst du also an und wo hörst du auf? Im ‚echten' Leben kannst du vielleicht gar nicht golfen, aber im Traum warst du eben noch ein Champion. Ebenso kannst du in einem Traum innerhalb weniger Minuten ganze Epochen durchleben und sogar zu einem anderen Lebewesen werden. Erkennst du, wie surreal das Ganze ist, wie fließend und unbeständig die Übergänge zwischen den Formen? Was ist also die Realität? Wie verwirrend und ermüdend muss es sein, in diesem ständigen Wechsel einen Halt finden zu wollen? Nun betrachten wir weiterhin am Beispiel des Schlafes die

Quelle, die unseren Träumen und allem anderen die Energie für den bunten Wechsel gibt. Versetze dich bitte erneut in die Nacht hinein. Alles um dich herum ist still und dunkel. Die gesamte Natur und auch deine Mitmenschen bereiten sich auf die bevorstehende Regeneration vor. Du fällst müde ins Bett und hast dieses Mal das, was man einen tiefen, ruhigen Schlaf nennt. Am nächsten Morgen wachst du fit und munter auf. Du sagst: „Ich fühle mich wie neugeboren!" Im Gegensatz zu der unruhigen Nacht hast du die Welt des Wandels für einige Zeit hinter dir gelassen und bist tief in dein Selbst gesunken. Dort konnten Körper und Geist Energie tanken. Alles, was dafür nötig war, bestand darin, sich vorübergehend von der Welt der Veränderungen, Formen und Farben abzuschotten und sich ganz dem nährenden Selbst hinzugeben.

Wie dir sicherlich bewusst ist, haben viele Menschen morgens Schwierigkeiten beim Aufstehen. Sie möchten lieber im warmen Schoß des Selbst bleiben, anstatt sich erneut den wechselnden Herausforderungen des Lebens zu stellen. Dein Leben wird schön, wenn du dir bewusst machst, dass das Selbst immer da ist, dass du dieses Selbst bist und du es daher niemals verlassen kannst. Du kannst es nur manchmal vergessen.

> “ Die Wahrheit ist unveränderlich, ewig und unzweideutig. Sie kann unerkannt sein, aber sie kann nicht verändert werden. – *Ein Kurs in Wundern*

11

DER DIENER UND DAS GESCHENK

Wir haben nun erkannt, dass das Selbst die einzige unveränderliche Wahrheit ist, und es liegt an uns, uns immer wieder daran zu erinnern und es uns ins Bewusstsein zu rufen. Dann wird sich unser Leben von Unruhe, Unfrieden und Unerfülltheit zu Frieden, Freude und Fülle transformieren. Ziehen wir erneut einen reichen Menschen als Beispiel heran. Nur ist es diesmal eine Millionärin, die einen Unfall hatte und durch den Aufprall vergessen hat, dass sie Millionärin ist. Als sie im Krankenhaus aufwacht und lediglich ein paar Scheine in ihrer Tasche vorfindet, hält sie sich für arm und ist verzweifelt. Wie soll sie das Leben meistern? Doch glücklicherweise genest sie und erinnert sich wieder daran, dass sie reich ist. Durch dieses Bewusstsein allein wird alles auf einen Schlag einfach und unkompliziert. Außer dem Bewusstsein ihres Reichtums hat sich nichts verändert und doch ist ihre gesamte Realität auf einmal eine andere. Wir sind noch viel reicher als diese Millionärin und wir sind nicht auf den Kopf gefallen. Wieso sind wir uns unserer wahren Natur also nicht mehr bewusst?

Angenommen, das vollkommene Selbst möchte sich in seinem gesamten Spektrum erfahren. Dies ist jedoch nicht möglich, wenn es sich seiner eigenen Vollkommenheit stets bewusst ist. Aus diesem Grund hat es die duale Welt erschaffen, um eine Vielzahl unterschiedlicher Erfahrungen zu ermöglichen. Dabei hat es sich inmitten der vielfältigen Erscheinungsformen auch das menschliche Gewand angelegt. Dieses Gewand dient als eine Art vorläufige Uniform, die es ihm erlaubt, die materielle Welt aus der Perspektive eines Menschen zu erkunden. Als Menschen haben wir jedoch vergessen, wer wir wirklich sind, und identifizieren uns mit unserer Erscheinungsform statt mit unserem Wesen. Dabei ist es in diesem Spiel des Lebens unsere wichtigste und nobelste Aufgabe, uns wieder an unsere wahre, ewige Natur zu erinnern. Mehr und mehr Menschen finden jetzt in diese Erinnerung zurück und machen sich auf, ihre Erkenntnis mit anderen zu teilen. Was macht es jedoch so schwierig? Wieso ist es nicht so gradlinig, als würde man jemandem lesen oder rechnen beibringen? In diesem Zusammenhang möchte ich auf die Begrenztheit von Worten hinweisen, die meiner Meinung nach eine der größten Hürden auf dem Weg zur Selbsterkenntnis darstellt. „Im Anfang war das Wort", heißt es – und damit auch der Anfang aller Verwirrung. Das Selbst hingegen war noch vor dem ersten Wort und wird auch noch nach dem letzten Wort sein. Denn als das Ewige ist es jenseits von Anfang und Ende. Da wir Menschen jedoch durch Worte kommunizieren, bedeutet dies eine Herausforderung.

Denn Worte sprechen primär den Verstand an und wir versuchen hier etwas zu beschreiben, das die Grenzen der Sprache und des Verstandes bei Weitem sprengt. So ist jedes Wort letztlich nur eine Anordnung von Buchstaben, während das Selbst und dessen Erkenntnis unbeschreiblich sind. Das Selbst kann nur erfahren, aber nicht auf Buchstaben reduziert werden. Und doch messen wir Worten oft eine solch große Bedeutung bei, dass wir sogar dazu neigen, uns mit den Worten anderer zufriedenzugeben und ihnen unkritisch Glauben zu schenken, anstatt die direkte Erfahrung und damit unwiderlegbares Wissen anzustreben – vor allem, wenn es um das Höchste geht!

Was genau ist das Problem mit Worten? Im Grunde gar nichts, außer ihrer Limitation und den unzähligen Assoziationen, die wir mit ihnen verbinden und die damit dem Verstand etwas geben, woran er kauen, kauen und nochmals kauen kann. Keine Sorge – wir möchten den Verstand nicht kleinmachen. Er kann beeindruckende Leistungen vollbringen. Aber er gleicht in gewisser Weise auch einem Computer, der darauf programmiert ist, in Gegensätzen zu denken. Groß/klein, heiß/kalt, dick/dünn usw. Wenn ich dich frage: „Ist das weit?“, oder „Ist es teuer?“, kannst du mir keine absolute Antwort geben. Du würdest wahrscheinlich erwidern: „Weit? Je nachdem, womit man es vergleicht und wie man sich fortbewegt. Teuer? Je nachdem, womit man es vergleicht und wie viel Geld man zur Verfügung hat.“ Du siehst – der Verstand kann nur relativ in Vergleichen denken, aber nicht absolut. Er sucht ständig nach etwas, an dem er sich reiben kann, um zu verstehen. Das kann er in der Welt der Dualität auch ganz hervorragend. Er kann analysieren, argumentieren, vergleichen, relativieren – ähnlich einem Buchhalter, der Ordnung in das Chaos unserer Zahlen bringt. Doch unser Streben gilt dem Transzendenten, dem Absoluten und Unendlichen – dem, was vor allem war und nach allem sein wird. Das schon vor dem Verstand war und nach dem Verstand sein wird. Das, was auch den Verstand hervorgebracht hat. Daher geht das Verständnis des Unendlichen im wahrsten Sinne des Wortes über den Horizont des Verstandes hinaus – und es wäre nicht ganz fair, von ihm zu erwarten, dass er es begreift.

Warum versuchen Menschen dann überhaupt, das Unerklärliche in Worte zu fassen? Ist das nicht nutzlos? Was sollen beispielsweise Bücher wie dieses hier bewirken? In diesem Zusammenhang möchte ich ein Zitat von Einstein heranziehen, das unser Dilemma treffend beschreibt. Ich gehe davon aus, dass Einstein mit dem intuitiven Geist das meint, was wir als ‚Selbst' bezeichnen und was Paula als ihre ewige Präsenz erkannt hat:

> “ Der intuitive Geist ist ein heiliges Geschenk, und der rationale Verstand ist ein treuer Diener. Wir haben eine Gesellschaft erschaffen, die den Diener ehrt und das Geschenk vergessen hat.

Einstein hatte mal wieder recht. Aber solange wir unserem treuen, brillanten und durch und durch limitierten Diener so viel Bedeutung beimessen, ist es angebracht, ihn auf unserer Reise zum Selbst mitzunehmen und so gut wie möglich zufriedenzustellen. Dies versuchen wir zu erreichen, indem wir ihm das erste Prinzip, das auch seine Quelle ist, durch Bilder und Gleichnisse so nahebringen, dass er die Existenz von etwas Höherem zumindest akzeptieren kann und nicht permanent „Aber …!" schreit. Denn wie so vieles in der Welt der Formen kann auch der Verstand sehr laut sein und zieht gerne wie ein kleines, nörgelndes Kind unsere gesamte Aufmerksamkeit auf sich. Da er darin sehr erfolgreich ist, können Worte uns nicht nur als Wegweiser dienen, sondern auch als Erinnerung daran, unsere Aufmerksamkeit immer wieder auf das Wesentliche zu lenken. Damit Selbsterkenntnis für uns nicht nur eine vage Vorstellung basierend auf den Behauptungen anderer bleibt, sondern zu echtem, unmittelbarem Wissen wird, das keinen Zweifel mehr zulässt.

Diese Erfahrung steht uns allen zu. Denn die Erkenntnis des Selbst ist nicht nur unser aller Geburtsrecht, sondern gleichzeitig unsere tiefste und innerste Sehnsucht. Doch aufgrund der eben dargestellten Herausforderungen wird Selbsterkenntnis von der Mehrheit als derart exklusiv wahrgenommen, dass sie nur einigen Wenigen vorbehalten scheint. Eins plus eins ergibt zwei, da gibt es nichts zu rütteln. Das ist auch dem Verstand klar und kann sogar von einem Kind verstanden werden. Aber hier, in diesem Bereich, werden Worte gemacht, die genauso wenig greifbar sind wie der Wind, der zwischen den

Bäumen tanzt. So mysteriös, so geheimnisvoll und daher scheinbar nicht für jedermann zugänglich, oder? Das Kuriose ist – weltliche Erfahrungen stehen einigen Menschen offen und anderen nicht: Wenn du keinen Führerschein besitzt, solltest du kein Auto fahren. Wenn du nicht gerne rechnest, wirst du kein Astrophysiker werden. Wenn du keinen Sport betreibst, wirst du nicht an der Olympiade teilnehmen. So sind die Möglichkeiten auf der Welt für jeden unterschiedlich. Wohingegen das Selbst das Einzige ist, das wirklich für uns alle gleich ist und uns zu jeder Zeit gleichermaßen offensteht, unabhängig von Intellekt, Bildung, körperlicher Leistungsfähigkeit oder Gesellschaftsschicht. Einige mögen diese Worte verstehen, andere nicht. Doch die Erfahrung der Selbsterkenntnis kann absolut jeder machen.

Um dies zu veranschaulichen, können wir uns das Beispiel von Honig vor Augen führen. Es können Doktorarbeiten darüber geschrieben werden, wie Honig schmeckt und wie seine Konsistenz beschaffen ist. Ich kann auf zehntausend Seiten versuchen, dir die Aspekte von Honig zu erklären oder mit strengem Blick und ernster Stimme Vorträge über seine Eigenschaften halten. Vielleicht verstehst du meine Vorträge oder vielleicht verstehst du sie nicht. Möglicherweise sagt dir meine Art der Kommunikation nicht zu oder du sprichst eine ganz andere Sprache und meine Lehren sind für dich Kauderwelsch. Aber auch wenn du verstehst, was ich dir zu erklären versuche, wirst du niemals auch nur die geringste Vorstellung von Honig haben, bevor du ihn nicht selbst gekostet hast. Sobald deine Zungenspitze jedoch einmal das süße Gold berührt hat, wirst du den Geschmack nie wieder vergessen. Dann wirst du wissen, wie Honig schmeckt, und zwar für immer. Zu diesem Zeitpunkt werden Worte hinfällig und alle verbalen Beschreibungen überflüssig. Auch kann dich niemand mehr täuschen, indem er behauptet, Honig sei bitter oder für bestimmte Menschen unzugänglich. Du wirst über solche Aussagen lachen, denn dein direktes Erleben lässt jegliche Theorien in den Hintergrund treten. Daher dienen alle Worte, auch die in diesem Buch, nur dazu, in dir die Neugier auf den Honig zu wecken und dich in seine Richtung zu lenken. Probieren musst du ihn jedoch selbst.

12

DAS NAMENSLOSE SELBST

Da das Selbst noch vor allen Formen und vor allen Worten war, und diese erst ihre Bedeutung aus ihm schöpfen, gibt es auch keinen Namen, der es adäquat beschreibt. Ein Dilemma, denn wir Menschen haben doch so gerne etwas, an dem wir uns festhalten können. Wenn es schon keine Tarotkarten, Pendel, Kristalle oder Heiligenbilder sind, dann doch wenigstens ein Name, den man gleich einem Talisman mit sich tragen kann. Auf diese Schwierigkeit deutete schon im 4. Jhd. v. Chr. der chinesische Meister Laotse im Tao Te King hin, dem klassischen Weisheitsbuch des Taoismus, das er mit folgenden Worten einleitete (in der Übersetzung von Richard Wilhelm wird das Selbst hier als der ‚Sinn' bezeichnet):

Der SINN, den man ersinnen kann,
ist nicht der ewige SINN.
Der Name, den man nennen kann,
ist nicht der ewige Name.

Jenseits des Nennbaren liegt der Anfang der Welt.
Diesseits des Nennbaren liegt die Geburt der Geschöpfe.
Darum führt das Streben nach dem Ewig-Jenseitigen zum Schauen der Kräfte,
das Streben nach dem Ewig-Diesseitigen zum Schauen der Räumlichkeit.

Beides hat Einen Ursprung und nur verschiedenen Namen.
Diese Einheit ist das Große Geheimnis.
Und des Geheimnisses noch tieferes Geheimnis:
Das ist die Pforte der Offenbarwerdung aller Kräfte.

Wenn dir das ein wenig über den Kopf wächst, liegt es nur daran, dass es sich auch hier um einen Versuch handelt, das Unnennbare irgendwie verständlich zu machen. Sobald das Selbst einmal erkannt ist, fällt glücklicherweise die Notwendigkeit von Worten als geistige Krücke weg und wird von reinem Wissen abgelöst. Dann können wir das Selbst auch Marmelade nennen. Oder Autobahn. Oder Bleistift. Dem Selbst ist das gleichgültig. Denn es ist, was es ist, egal, welchen Namen wir ihm geben. Bis dahin versuchen wir jedoch im Sinne einer besseren Kommunikation, uns an Begriffe zu halten, die von Menschen und Glaubensströmen seit teils Tausenden von Jahren genutzt werden, um an das Unerklärliche möglichst nahe heranzukommen. So werden zunächst gerne Attribute des Selbst herangezogen, um es zu bezeichnen. Hierzu gehören das Unendliche, das Wirkliche, das Ewige, das Eine, das Erste, das Unabänderliche, das

Heilige, das Unbeschreibliche, das Transzendente, das Absolute, das Vollkommene. Auch wir haben neben ‚Selbst' schon einige dieser Begriffe genutzt, ergänzt von Worten wie Präsenz, intuitiver Geist und Quelle. Sogar dem Honig ist es nicht erspart geblieben, bei unseren Bemühungen herangezogen zu werden.

Neben diesen rein beschreibenden Worten gibt es auch eingehende Metaphern und originell anmutende Worte, die das Selbst zu bezeichnen versuchen. Im Folgenden teile ich einige gängige Begriffe, die häufig genutzt werden und durchaus geeignet sind, den Funken der Erleuchtung zu entfachen. Und wenn dir ein Wort nicht gefällt, dann tausch es einfach aus, was soll's? Das Wichtigste ist, dass es für dich stimmig ist. An der Natur des Selbst ändert es nichts.

Beginnen wir mit Deepak Chopra. Wie so viele Lehrer nutzt auch er verschiedene Worte für das Selbst, nennt es unter anderem so schön ‚das Feld der unbegrenzten Möglichkeiten', ein Ausdruck, den ich persönlich sehr passend finde. Denn das Selbst ist das noch Unmanifeste, aus dem alle Manifestation entsteht und das gleichzeitig alle Manifestation nährt und erhält. Es ist das reine Potenzial, der Ort, von dem aus alles möglich ist und in dem alles beginnt. Du kannst dich entscheiden, ein Wort zu sagen und es entsteht aus diesem Feld. Du kannst dich entscheiden, loszugehen und die Bewegung kommt aus diesem Feld. Du kannst dich entscheiden, die Worte hier zu lesen und das Verständnis kommt aus diesem Feld. Spürst du es als deine wahre Natur? Auch wenn du gerade traurig bist oder Angst hast – spürst du, dass dahinter etwas ist, das immer gleich bleibt? Etwas, das dieser Angst und dieser Trauer, aber auch Freude und Jubel Raum gibt? Spürst du, dass deine Emotionen wechselhaft sind, aber dass da etwas ist, das sich niemals verändert? Das reine Bewusstsein. Wer dies einmal versteht, versteht auch automatisch die Kunst der Manifestation. Aber zurück zum Selbst.

Eckhart Tolle wählt gerne die Worte ‚Stille', ‚Sein', ‚Präsenz', ‚Jetzt' und ‚Bewusstheit'. Alles wundervolle, passende Worte. Besonders ‚Stille', einen Ausdruck, der auch in der Mystik genutzt wird, finde ich sehr eindrücklich. Wenn du etwa eine Glocke anschlägst, kannst du genau nachverfolgen, wie der Ton aus der Stille entsteht, die Stille ihm den Raum zur Entfaltung gibt und er dann wieder in die Stille zurückkehrt. Hinter jedem Geräusch findest du auch immer die Stille. Wenn ich dir berichte, dass es an einem Ort ganz still war, dann weißt du genau, was ich meine, und kannst dich im selben Moment innerlich in dieselbe Stille begeben. Wenn ich hingegen sage, dass es laut war, werde ich dir den genauen Lärm niemals beschreiben können. Du kannst ihn dir immer nur vage vorstellen. Da siehst du schön den Unterschied zwischen dem ewig Formlosen, zu dem wir alle jederzeit Zugang haben, und seinen unendlich vielen Ausprägungen. Und auch wenn der Titel von Tolles Weltbestseller ‚Jetzt' heißt, hat ‚Stille' mich immer mehr angesprochen. Ebenso wie ‚Sein' und ‚Bewusstheit'. Tolle zitiert im Kontext der Selbsterkenntnis auch gerne Jesus und betont, dass wir das Königreich erst in uns selbst finden müssen, alles andere würde uns dazugegeben. Er ist zudem einer von denen, die uns immer wieder daran erinnern, dass Worte nur Wegweiser sein können und wir uns nicht an ihnen festhalten dürfen.

Wo Worte auch immer wieder Verwirrung stiften, liegt im Verständnis des im Buddhismus genutzten Konzepts von ‚Nirwana', wörtlich übersetzt ‚Auslöschung'. Nirwana wird als die Erlösung betrachtet, als das Ziel, das wir alle erreichen wollen. Da es aber in der westlichen Kultur häufig mit ‚Nichts' übersetzt wird, wurde es teilweise als nihilistisch und trostlos interpretiert. Doch ist es alles andere als das. Mit ‚Nichts' ist gemeint, dass es jenseits aller Formen und Konzepte existiert. Wäre es hingegen ‚Etwas', würde es bereits eine Form annehmen und somit Teil der dualistischen, sinnlich wahrnehmbaren Welt sein. Daher wird Nirwana manchmal auch als ‚Leerheit' bezeichnet – eine Leerheit, in der noch nichts ist, die jedoch das Potenzial für alles in sich trägt. Für Hindus ist demgegenüber ‚Brahman' das Absolute, Transzendente, Unendliche und damit das höchste spirituelle Prinzip, das allem zugrunde liegt.

Andere Worte, die für das Unbeschreibliche gewählt werden, sind ‚Universum', ‚Tao' und ‚Gott'. Besonders der Begriff ‚Gott', auf den wir später noch zu sprechen kommen, löst bei uns die unterschiedlichsten Reaktionen aus. Gleichwohl können wir davon ausgehen, dass auch die Bibel die Sprachschwierigkeiten erkannt hat. So wird etwa das zweite Gebot, welches davor warnt, sich Bildnisse von Gott zu machen (ihn also auf eine Form zu beschränken), dahingehend ausgelegt, dass Gott in seiner Transzendenz zu akzeptieren sei. Auf Moses' Frage nach seinem Namen antwortet er sogar: „Ich bin, der ich bin", auch mit „Ich bin der Seiende" übersetzt. Der ‚Seiende', ‚Sein' … schöne, offene Worte, die das unbegrenzte Feld aller Möglichkeiten aufzeigen.

Sehr gerne wird auch der Begriff ‚Silent Witness' für das Selbst verwendet, also der stille Beobachter oder der stille Zeuge. Denn egal, was ich mache, denke, sehe, fühle, höre, es gibt etwas, das immer da ist und mich still beobachtet: „Anna schreibt. Anna hat einen Geistesblitz. Anna ist zu spät. Anna ist nervös und ihr Blutdruck steigt. Anna hat einen Fehler gemacht. Anna schläft traumlos. Anna sieht Berge. Anna ist wütend. Anna ist glücklich." Beobachten, beobachten, beobachten, ganz in Ruhe, ohne Urteil. Aber dieser stille Beobachter ist nicht losgelöst von dem, was wir tun und wahrnehmen, sondern er ist gleichzeitig die erste Ursache von allem, die Quelle, die alles speist, auch unsere menschliche Energie. Als ich vor einigen Jahren einen Marathon gelaufen bin, habe ich zwar vorher trainiert, aber der Grund dafür, dass ich es ohne größere Probleme über die Ziellinie geschafft habe, war die bewusste Verbindung mit meinem Selbst. Ich machte mir die ganze Zeit klar:

Da ist diese Quelle in mir, die niemals versiegt. Die Quelle, aus der ich nonstop schöpfen kann. Ein schönes Gefühl, ein gutes Gefühl, eines, das mir ungeahnte Kräfte gab.

Und das ist das Einzige, was du tun solltest. Dir die ewige Existenz dieses Selbst bewusst zu machen. Dann kannst du sogar froh darüber sein, dass es kein zufriedenstellendes Wort dafür gibt, sondern dass es einfach *ist*. Egal, wie wir es nennen. Der Kopf darf sich ausruhen. Wie erleichternd!

13

NEUTRALER BEOBACHTER ODER VERBORGENE MACHT?

Wie wir festgestellt haben, ist da also tatsächlich etwas, das immer bleibt und aus dem alles entsteht und das Menschen schon seit Jahrtausenden zu verstehen versuchen. Wir nennen es hier ‚Selbst'. Aber können wir auch sagen, was für eine Qualität dieses Selbst hat? Oder ist es einfach nur die erste Energie, ganz neutral? Ein stiller, ewiger Beobachter halt. Oder vielleicht sogar eine sadistische Energie, eine, die uns gerne in Sicherheit wiegelt, um uns dann einen überzubraten. Das habe ich zum Beispiel lange Zeit geglaubt. Ich habe dieser Energie, die viele ‚Gott' nennen, nicht über den Weg getraut. Zu präsent war das Bild vom strafenden Gott, der zornig über die Menschen richtet. Über diese sündigen, fehlerhaften Wesen, von denen ich mich wie das Fehlerhafteste fühlte. Immer schien man sich auf einer Gratwanderung zu befinden. Der Pfad des Erlaubten und Gewünschten war ganz schmal. Links und rechts hingegen lag das weite Feld der Verfehlungen. Was für ein anstrengendes Leben, immer wie auf einem Schwebebalken zu balancieren, ohne an den Seiten herunterzufallen. Und wenn man dann fiel, was ständig geschah, kam die Schmach, die Scham, die Schuld, der Teufelskreis, der einen immer tiefer riss. Wenn man schon dieses verdorbene Wesen war, musste man sich dann überhaupt noch weiter bemühen? Wofür? Man machte am Ende doch ohnehin alles falsch. Falls ich noch ein wenig beim katholischen Glauben bleiben darf, denn in diesem wurde ich erzogen: Ich hätte mich auch auf das Neue Testament konzentrieren können, dort kommt Vergebung vor, dort kommt die Aufforderung „Fürchtet euch nicht" immer und immer wieder vor, dort kommen Liebe und Verständnis vor, und zwar für alle Gesellschaftsschichten und alle Menschen. Aber auch im neuen Testament erinnert sich meine selektive Wahrnehmung nur an den wütenden Jesus, der die Händler aus der Kirche verscheucht hat und alles kurz und klein schlug. Schon wieder jemand so Wütendes und Unkontrolliertes – war das wirklich notwendig? Und dann wird er von seinen Nächsten verraten, ausgelacht, verhöhnt, beschimpft und ans Kreuz geschlagen!! Ich meine – wirklich? Ans Kreuz geschlagen? Noch nicht einmal tot, sondern lebendig? Was für ein absoluter Horror für ein Kind! Das passiert also, wenn man an diesen Gott glaubt. Das Leben wird zur Hölle. Und dass dieser jemand dann aus seinem Grab verschwunden ist, war auch nicht gerade Material für eine entspannte Gute-Nacht-Geschichte. Jetzt mal ehrlich – geht es noch unheimlicher? Dass man danach sein Blut trinkt und seinen Leib verspeist, will ich hier gar nicht erwähnen, sonst muss ich dem Buch noch ein Mindestalter geben. Ihr seht also, die Religion – mit sonntäglichen Gottesdiensten und einem mehrjährigen Einsatz als Messdienerin sehr präsent in meinem früheren Leben – hat mir keinen Trost verschafft. Nicht in der Form, wie sie vermittelt wurde.

Trotzdem bin ich froh, dass ich in dem Glauben an etwas Höheres aufgewachsen bin, denn dies hat mir den Impuls für meine spätere Spiritualität gegeben. Mittlerweile verstehe ich auch, dass man die Bibel ganz anders auslegen kann, als ich es getan habe. Aber unsere Wahrnehmung, so auch beim Lesen religiöser Bücher, ist selektiv. Wenn ich das Gute im täglichen Leben nicht sehen kann, werde ich aufgrund meiner Wahrnehmung auch das Gute in diesen Schriften nicht erkennen. Heute weiß ich aber dank meiner unstillbaren Neugier und basierend auf direkten persönlichen Erfahrungen nach Jahrzehnten der Beschäftigung mit diesem Thema, dass die Energie, von der wir hier sprechen, alles andere als böse und strafend ist, sondern dass sie die absolute Liebe ist – und zwar die Liebe in ihrer reinsten, pursten Form.

14

DIE UNENDLICHE LIEBE

Da haben wir es, das große Wort: die Liebe. Hier müssen wir schnell eine Korrektur vornehmen, bevor unsere Synapsen verrücktspielen und uns an all die Zeiten erinnern, in denen die Liebe Unglück in unser Leben gebracht hat. „Die Liebe!“, wird der ein oder andere jetzt ausrufen. „Hör mir bloß damit auf! Meine letzte Liebe hat sich gerade erst wieder geweigert, den Kindesunterhalt zu zahlen. Und das, sagst du, soll mein Selbst sein? Nein, danke, ich verzichte!“ Ich kann gut nachvollziehen, was du meinst, denn auch ich kann nicht mehr zählen, wie oft ich jemanden für die große Liebe gehalten habe, der sich dann als etwas gänzlich anderes entpuppte. Aber obwohl die romantische Liebe aus der Liebe entsteht, von der ich hier spreche, ist sie doch nur ein winziger Aspekt davon. Die Liebe, die hier gemeint ist, kann uns niemals Unglück oder Schmerz bringen, nicht für eine Sekunde. Was hingegen Schmerz bringt, ist die irrige Vorstellung, dass wir von dieser Liebe getrennt sein könnten.

Aber fangen wir von vorn an: Du würdest mir wahrscheinlich zustimmen, wenn ich sage „Liebe ist Einheit, Krieg ist Zerwürfnis". Jetzt führe dir nochmals das Selbst vor Augen, das ‚Feld der unbegrenzten Möglichkeiten', aus dem alles entsteht. Es ist absolute Einheit, noch vor jeglicher Manifestation, vor dem ersten Gedanken, vor dem ersten Ding, vor dem ersten Impuls. Wenn es also die absolute Einheit ist, aus der alles erst zur Entstehung gelangt, muss es notwendigerweise auch die absolute Liebe sein. Denn wo es noch keine Zweiteilung gibt, kann es auch noch keine Reibung und keinen Konflikt geben. Ohne Trennung und Friktion kann das Selbst sich selbst nur bedingungslos lieben. Aus dieser absoluten Einheit entsteht dann allerdings der Dualismus, der unsere Welt so bunt, chaotisch und farbenfroh macht und damit auch Reibung und Konflikt ermöglicht. Wie schon erwähnt ist es, als wollte das Selbst sich in alle vorstellbaren Attribute auffächern, um sich in aller Vielfalt zu erkennen. In diesem Zuge wurden auch wir geboren und kreieren in unserer menschlichen Form mit dem Selbst zusammen unsere verrückte, tolle, schreckliche und freudige Welt.

Da wir als Menschen jedoch zunächst vergessen haben, dass wir in unserer Essenz die absolute Liebe sind, initiieren wir Konflikte und Streitigkeiten. Es ist aber wichtig zu betonen, dass Hass nicht das Gegenteil von Liebe ist, denn das Allumfassende kennt kein Gegenteil. Vielmehr entsteht Hass erst dann, wenn wir uns von unserer wahren Natur abwenden und die daraus resultierende Angst einen Schleier vor unsere

Augen legt. Stell dir vor, es ist Abend und wir sitzen alle zusammen an einem großen Lagerfeuer. Die Wärme umhüllt uns und unsere lächelnden Gesichter spiegeln sich im hellen Schein der Flammen wider. Es herrscht absolute Harmonie, und wir fühlen uns rundum wohl. Doch dann entfernt sich jemand von der Gruppe und begibt sich immer tiefer in den Wald hinein. Die Dunkelheit verunsichert ihn, ihm wird kalt, und die Geräusche und Schatten erzeugen Angst. Er meint, überall Gefahren zu erkennen und bereitet sich mit angespannten Muskeln und flachem Atem auf Angriff oder Verteidigung vor. Das Adrenalin lässt ihn in Kampfbereitschaft gehen und alles andere vorübergehend vergessen. Doch egal, wie weit er sich entfernt, das Feuer lodert weiter hell und wartet geduldig darauf, dass er sich ihm wieder zuwendet. Denn der Wunsch nach Geborgenheit und Sicherheit, nach der Liebe, die unser Zuhause ist, kann zwar kurzfristig überschattet werden, bleibt aber als unsere tiefste Sehnsucht bestehen. Daher ist alles entweder ein Akt der Liebe oder ein Schrei nach Liebe. Ignoriert werden kann die Liebe jedoch nicht.

Vielen von uns mag es schwerfallen, sich diese Liebe bewusst zu machen oder an sie zu glauben. Sollte das bei dir der Fall sein, so frag dich einfach: Wie lange könnten deine Gedanken dich am Leben erhalten? Dein Wille, dein Geist? Die Milliarden von Prozessen in deinem Körper überwachen, anstoßen und regulieren? Ich sage dir, wie lange: keine Sekunde! Es würde alles im Chaos zusammenbrechen und dein menschliches Leben wäre Vergangenheit, bevor du auch nur blinzeln könntest. Was ist es also, das dich am Leben hält, das dich atmet, dich aufweckt, das alle Prozesse in deinem Körper steuert, das dich so sehr liebt, dass es nonstop präsent und bei dir ist, egal, wie es dir geht? Es ist dein Selbst, meine Liebe, mein Lieber, das eine, das immer ist! Das, was noch vor aller Form war und nach jeder Form sein wird. Denn obwohl unsere Gesellschaft die Formen und das Harte als das vermeintlich Starke verehrt, ist das Formlose unendlich machtvoller. Laotse erwähnt die Speichen eines Rades, aber die Brauchbarkeit des Wagens liegt doch in dem Raum, den der Wagen bietet. Er führt ein Tongefäß als Beispiel an, dessen Brauchbarkeit ebenfalls in dem ‚Nichts', also in dem leeren Raum des Gefäßes liegt. Das Gleiche ist bei einem Haus der Fall. Nicht die Wände machen das Haus aus, sondern man bricht Fenster und Türen hinein, um den Raum auszuweiten, in dem man lebt. Das, was Form hat, kann man besitzen (die Speichen, den Ton, den Beton, aus dem die Wände sind), aber das, was wirklich Wert hat, ist formlos. Auch kann ein Wagen verschrottet werden, ein Haus abgerissen, ein Gefäß zerschmettert. Das geht einfach und schnell. Aber versuche einmal, Wasser zu zerschlagen oder die Luft mit einem Schwert zu zerschneiden. Das kannst du lange probieren. Dafür können Wasser und Luft in jede Ritze kriechen und nichts, auch das Härteste nicht, kann sie auf Dauer stoppen. Du kannst dir auch deinen eigenen Körper vor Augen führen, den wir gerne behandeln, als sei er unzerstörbar. Ein paar Minuten ohne Luft würde er überleben und ein paar Stunden bis Tage ohne Wasser. Dann wäre auch er hin. Wasser und Luft – mal wieder. Du siehst also, je weicher und zarter etwas ist, desto machtvoller ist es. So weich und zart wie die reinste, unschuldige Liebe. Deshalb spricht die Bibel auch nicht vom Löwen Gottes und vom starken Krieger, sondern vom Lamm Gottes und einem neugeborenen Jesuskind. Eindrückliche Bilder von einer Liebe und Weichheit so fein, dass sie durch alle Verhärtungen hindurch und in jedes Herz eindringen kann. Erkennst du, wie unendlich mächtig dann das noch komplett Formlose ist, dein Selbst? Nichts auf der Welt kann es aufhalten. Als die eine Wahrheit ist es das einzig Unzerstörbare und einzig Wirkliche, das es gibt. Oder wie es in der hinduistischen Bhagavad Gita geschrieben steht:

> „Feuer kann *es* nicht verbrennen, Wasser kann *es* nicht benetzen, Wind kann *es* nicht trocknen, Waffen können *es* nicht zerschmettern. Ewig, ungeboren, kann *es* nicht sterben.

15

DIE ILLUSION VON TRENNUNG

Alles ist also eine Kreation des bunten Spiels der Liebe mit sich selbst. Diese Liebe bringt alles zur Entstehung, jede Form, jedes Geräusch, jedes Lied, jeden Grashalm, jede Schneeflocke und auch uns in unserer menschlichen Form. So sagt Laotse im Tao Te King über das Selbst (hier ‚Sinn‘):

Der große SINN ist allgegenwärtig,
er kann zur Rechten sein und zur Linken.
Alle Geschöpfe verdanken ihm ihr Dasein,
und er verweigert sich ihnen nicht.
Das Werk wird vollbracht,
und er nennt es nicht seinen Besitz.
Er kleidet und nährt alle Geschöpfe,
und er spielt nicht den Herrn.
Insofern er ewig ohne Begehren ist,
kann man ihn als klein bezeichnen.
Insofern alle Geschöpfe sich ihm zuwenden,
kann man ihn als groß bezeichnen.

Da erkennen wir: Das Selbst ist nicht etwas Persönliches und Individuelles, sondern etwas, das für alle gleich ist. Daher kann ich auch ein Buch über das Selbst schreiben, das für alle Gültigkeit hat und nicht nur für einige. Gleichzeitig ist es das Persönlichste und Individuellste überhaupt, denn nichts steht uns näher als das Selbst und nichts kennt uns besser. Denn es *ist* ja wir und es ist zur gleichen Zeit für uns alle da. Wir sind also tatsächlich alle Brüder und Schwestern, verbunden in der einen Liebe, die so rein ist, dass sie gleichzeitig nirgendwo und überall ist. So liebe ich das englische Wort ‚nowhere' (nirgendwo), das gleichzeitig als ‚now here' (jetzt hier) gelesen werden kann. Auf keine Stelle beschränkt, aber jetzt und hier, wo immer du auch bist.

Da wir alle eins sind, können wir auch mit wildfremden Menschen Mitgefühl empfinden. Wir zucken zusammen, wenn wir menschliches Leid in den Nachrichten sehen, auch wenn das Geschehen tausende Kilometer entfernt ist. Oder wir gucken schnell weg, da es uns so sehr schmerzt, als sei es uns selbst passiert. Dies ist sogar der Fall, wenn etwas in der Vergangenheit geschehen ist oder auch einfach nur bei der Vorstellung, dass es in Zukunft passieren könnte. Du siehst – diese Liebe ist von Ort und Zeit unabhängig. Und da wir das Gleiche bei Tieren, der Umwelt und sogar bei scheinbar leblosen Dingen empfinden können, sind dieser Liebe nirgendwo Grenzen gesetzt. Außer, wir sind emotional so schlimm verletzt worden, dass unsere wahre Natur von Schmerz und Trauma überschattet wird und wir die Existenz der Liebe in uns komplett vergessen haben. Das ist, als hätte man sich ganz tief in der Erde eingebuddelt und völlig aus den Augen verloren, dass der Himmel über einem nur darauf wartet, dass man ihn und seine Schönheit wiederentdeckt und er wieder für einen leuchten darf.

Für Menschen, die viel Wert auf Individualismus legen und auch einen gewissen Stolz aus ihrer Einzigartigkeit ziehen, mag diese allgegenwärtige Verbundenheit zunächst ein Schock sein. Sie wollen womöglich nicht das sein, was alle sind. Sie wollen etwas ganz Eigenes sein und auch ihr Selbst soll ihr eigenes Ding sein. Falls du zu diesen Menschen gehörst, kann ich dich gut verstehen, denn auch mir war die Vorstellung von einem Selbst für uns alle anfangs nicht geheuer. Wo war *ich* da? Ich fühlte mich wie verloren, aufgelöst, in diesem Teich der Ewigkeit. Wie ‚Nirwana' andeutet: ‚erloschen'. Trotzdem konnte ich diese Erkenntnis nicht leugnen, denn wohin ich auch schaute, jeder spirituelle Meister stellte fest, dass alles Leid aus der Vorstellung der Separation entsteht. Vor dem konnte ich die Augen nicht verschließen, so sehr ich es mir damals auch gewünscht hätte. Heute hingegen stellt das Wissen um die allgegenwärtige Verbundenheit und Einheit für mich die größte Freiheit dar. Es ist, als hättest du dich bislang für deinen kleinen Zeh gehalten und plötzlich stellst du fest, dass du die Unendlichkeit bist. Ich denke, das ist eine ganz normale Entwicklung – von Individualismus und Abgrenzung (beides Dinge, die in unserer Gesellschaft gepriesen werden) – hin zu dem Erkennen und Zelebrieren der Verbundenheit und Einheit. Wenn du erkennst, dass es letztlich nur eine einzige Quelle, nur eine einzige Weisheit gibt und diese dein Selbst ist, fühlst du dich wahrlich frei und sicher. Denn wer soll dich jetzt noch angreifen?

16

JENSEITS VON RICHTIG UND FALSCH

Da kommen wir schon zu dem Thema, das vielen unter den Nägeln brennen wird und das wir zuvor kurz angeschnitten haben. Wenn dieses Selbst doch so wunderbar ist, wieso lässt es dann so viel Schmerz und Leid zu? Wie kann man das Liebe nennen?

Ja, wie? Stell dir bitte einen Raum vor, in dem die unterschiedlichsten Dinge passieren. Menschen verschiedener Herkunft kommen und gehen, es wird getanzt, debattiert, gestritten, geliebt, ignoriert, vorgelesen, geschrieben, alles, was du dir vorstellen kannst. Ständig erscheinen neue Gruppen, andere verschwinden wieder, die ganze Zeit ist etwas los. Der Raum hingegen ist einfach da. Er gibt im wahrsten Sinne des Wortes all dem Raum, was passiert, ohne zu werten, ohne zu urteilen, ohne dem einen mehr und dem anderen weniger zu geben. Alles darf sein. Und der Raum wird niemals müde. Dann sind alle weg und der Raum ist weiterhin einfach da. Ganz still.

Oder führe dir eine weiße Leinwand vor Augen. Ohne diese Leinwand könnten wir keinen Film sehen, doch der Leinwand ist es egal, was für ein Film auf ihr abläuft. Sie langweilt sich nicht bei langatmigen Szenen und sie erschrickt auch nicht bei unheimlichen Szenen. Sie gibt nicht der einen Szene mehr Raum und Glanz als der anderen. Es ist ihr auch egal, aus welchem Land der Film stammt und ob die Schauspieler dick, dünn, schön, hässlich, gut oder böse sind. Alles darf sich auf ihr abspielen.

Das hierfür schönste Beispiel ist wahrscheinlich der Himmel. Wolken können durch ihn jagen, Blitze können ihn durchzucken, Gewitter können einen fürchterlichen Lärm verursachen und doch bleibt der Himmel davon unberührt und gibt dem ganzen lediglich Raum. Ebenso wie er stiller Zeuge unseres wilden Treibens hier auf Erden ist. Ganz ruhig, ganz still, ganz friedlich und ohne Urteil ist er einfach da.

Diese hundertprozentige Akzeptanz, liebe Freunde, dieses Dasein, ist für mich der Inbegriff der Liebe. Auch wenn in dieser Akzeptanz die gesamte Bandbreite weltlicher Erfahrungen geduldet wird, inklusive menschlichem Leid. Es ist einem Elternteil vergleichbar, das sein Kind spielen und die Welt frei erkunden lässt, und dabei zu einem gewissen Grad auch Verletzungen zulässt, ohne ständig einzugreifen. Es weiß, sein Kind muss eines Tages selbst entscheiden, wie es leben will, aber letztlich wird es immer ein hütendes Auge auf das geliebte Kind halten.

Genauso hat die Liebe es uns Menschen ermöglicht, unser Leben im Rahmen der physikalischen Gesetze frei zu gestalten und zu erforschen, auch wenn wir uns dabei gegenseitig die Hölle auf Erden bereiten. Doch hat jede Ursache hier auf unserem Planeten eine Wirkung und je mehr wir im Bewusstsein um unsere Quelle leben, umso glücklicher wird unser Leben verlaufen und wir werden Freude und Glück verbreiten. Dann lassen Angst, Furcht und das Gefühl von Separation uns keine schrecklichen Dinge mehr begehen. Da der freie Wille uns jedoch erlaubt, sogar unsere wahre Quelle zu leugnen, können wir uns dazu verleiten lassen, unsere Aufmerksamkeit den spaltenden Dingen zuzuwenden. Je mehr wir uns mit den weltlichen Formen und ihrer wechselhaften Natur identifizieren und das Bewusstsein der einen Liebe als unsere wahre Natur in den Hintergrund drängen, umso mehr werden sich Furcht und Leid in unserem Leben ausbreiten. Dann haben wir vergessen, wer wir wirklich sind. Der Weg für jeden von uns führt daher zurück zum Bewusstsein unserer wahren Essenz, um in diesem Wissen das wundervolle Spiel des Lebens voll und ganz auskosten zu können. Aber unabhängig davon, wie wir gelebt haben, die Liebe weiß – am Ende fallen wir wieder in sie zurück. Wunderschön ausgedrückt hat es der persische Dichter Rumi im 13. Jhd.:

> “ Jenseits der Vorstellungen von Richtig und Falsch, liegt ein Feld. Dort werden wir uns treffen.

17

DIE FROHE BOTSCHAFT

Im Zusammenhang von richtig und falsch wird es an dieser Stelle nochmals Zeit für einen Diskurs zur christlichen Religion. Der Grund hierfür ist ein einfacher: Zunächst wäre die Wahrheit nicht die Wahrheit, wenn jeder etwas anderes und stets Neues behaupten würde. Dann wären alle Ansichten wieder nur Wellen auf dem weiten Meer der Meinungen und die verwirrende Unklarheit in unserer Welt würde fortbestehen. Daher wollen wir untersuchen, ob die Bibel – zweifellos das meistgelesene Buch der Welt, das bis heute Milliarden von Menschen beeinflusst hat – nicht doch etwas Ähnliches oder sogar das Gleiche sagt wie wir. Ein weiterer Grund für diese Betrachtung liegt darin, dass, selbst wenn du dich für den Atheismus oder eine andere Religion entschieden hast, es in unserer Gesellschaft, in der selbst politische Parteien ihre christliche Ausrichtung im Namen tragen, niemals ganz möglich ist, sich von den Einflüssen der Religion zu lösen. Sie durchzieht unsere Kultur und findet sich in den unterschiedlichsten Lebensbereichen sowie in unserer

Alltagssprache wieder. Für Menschen mit anderen Religionen und aus anderen Kulturen mag dies noch ausgeprägter sein. Was ich vermeiden möchte, ist, dass jemand die Worte hier liest, sich von ihnen angesprochen fühlt, aber das Gefühl hat, dass sie in Konflikt zu seiner Religion stehen. „Ah, hier ist die ‚neue Spiritualität'", magst du dann denken, „die in direktem Konflikt zu dem Gott steht, den ich aus der Bibel kenne." Solch ein Konflikt ist nicht erstrebenswert. Einige andere Religionen habe ich bereits rudimentär erwähnt. Man sollte jedoch nie vergessen, dass alle heiligen Schriften letztlich aus Worten bestehen, die sowohl mündlich als auch schriftlich überliefert wurden und Worte immer der Auslegung und Interpretation zugänglich sind. Und zwar durch jeden.

In medias res. Unendliche, reine Liebe sagte ich zuvor. Was ist also mit dem strafenden, richtenden Gott, der mich in meiner Kindheit (und darüber hinaus …) so erschreckt hat? Das Jüngste Gericht, die Hölle, in der ewige Verdammnis herrscht. Ist das die pure Liebe, die ich meinte? Nein, das ist sie nicht und dies ist etwas, das mich mittlerweile ziemlich aufregt. Heute weiß ich, dass man Gott als ewig liebend, verzeihend und gütig darstellen kann und dazu kommen wir gleich noch. Aber so habe ich ihn leider nicht kennengelernt, sondern wurde stattdessen mit dem Bild eines allmächtigen und wütenden Gottes konfrontiert. Was für eine wundervolle Art, die Menschen kleinzuhalten, indem man sie in ständiger Angst vor etwas Übermächtigem und Zornigem leben lässt. Mit diesem kleinlichen und gemein anmutenden Gott nahmen wir die schlechtesten Qualitäten, die wir als Menschen an den Tag legen können, und schrieben sie unserem Schöpfer zu. Kein Wunder also, dass wir uns selbst für schlecht, klein, minderwertig und durch und durch sündig halten. Wenn doch unser eigener Schöpfer keine bessere Meinung von uns hat. Oder schlimmer noch – wenn er doch selbst nicht viel besser ist. Was für eine misslungene Schöpfung, was für eine traurige Erde! Meine Freunde, unseren Schöpfer auf solche Attribute zu reduzieren (hier ist es mir übrigens egal, ob er männlich, weiblich oder neutral dargestellt wird – wie so oft limitieren Worte uns und ich bin davon überzeugt, dass unsere erste Energie als nicht-duales Wesen weder das eine noch das andere, beziehungsweise sowohl das eine als auch das andere ist), ist meines Erachtens weder in Einklang mit der wahren Natur unserer Quelle noch besonders weise. Wieso ausgewählte Verkünder der frohen Botschaft sich für diesen Weg entschieden haben, mag unterschiedliche Gründe haben. Vielleicht, weil man nicht nur mit den Träumen, sondern auch mit den Ängsten der Menschen wunderbar spielen kann und ängstliche Menschen so weit offen für Manipulation sind wie die geöffneten Pforten eines Tores. Mir hingegen ist mittlerweile bewusst, dass Gott auch auf komplett andere Art interpretiert werden kann und von vielen Gelehrten, Priestern, Pfarrern und Lehrern anders vermittelt wird. Wie heißt es doch so schön: „Die Philosophie besagt, dass es einen Schöpfer geben muss, während die Religion meint, seine Biografie zu kennen."

So wird Gott zwar weiterhin von verschiedenen religiösen Strömungen unterschiedlich ausgelegt, aber ihm werden klassischerweise folgende Attribute zugeschrieben:

- **Schöpfer:** Gott wird als der Schöpfer des Universums betrachtet.
- **Allmacht:** Gott gilt als allmächtig, mit unbegrenzter und absoluter Macht.
- **Allwissenheit:** Gott ist allwissend, besitzt vollständige und unendliche Kenntnisse.
- **Allgegenwärtigkeit:** Gott ist überall gegenwärtig, existiert gleichzeitig an allen Orten.
- **Ewigkeit:** Gott existiert jenseits der Zeit, außerhalb der Beschränkungen von Vergangenheit, Gegenwart und Zukunft.
- **Unveränderlichkeit:** Gott ist unveränderlich und bleibt in seiner Natur konstant.
- **Güte:** Gott wird als von Natur aus gut betrachtet und liebt seine Schöpfung.
- **Barmherzigkeit:** Gott ist barmherzig und mitfühlend, zeigt Freundlichkeit und Vergebung.
- **Transzendenz:** Gott steht über und unabhängig von der geschaffenen Welt.
- **Immanenz:** Gott ist gegenwärtig und in die geschaffene Welt involviert.
- **Heiligkeit:** Gott gilt als heilig, rein und moralisch vollkommen.

- **Gerechtigkeit:** Gott wird als gerecht und vollkommen fair betrachtet.
- **Weisheit:** Gott wird als die Quelle aller Weisheit betrachtet.
- **Einzigartigkeit/Einheit:** Gott wird als einzigartig und vereint betrachtet, ohne Teilung oder Vielheit.
- **Freiheit:** Gott wird als vollkommen frei von äußeren Einflüssen oder Zwängen betrachtet.
- **Wahrheit:** Gott wird als die absolute Wahrheit betrachtet.
- **Liebe:** Gott wird als die Quelle bedingungsloser Liebe betrachtet.

Kommen dir diese Attribute bekannt vor? Sind sie nicht mit der ewigen Präsenz gleichzustellen, die wir zuvor in uns gefunden haben? Mit dem stillen Beobachter, der ewig ist, aus dem alles kommt, der uns atmet und uns liebt? Der wir in unserer Essenz sind? Da Gott sich als unser Vater bezeichnet, liebt er uns nicht nur in unserer menschlichen Form, sondern als seine Kinder entspringen wir derselben Quelle und bergen dieselben Attribute wie er – in unserem Selbst! Nicht strafend und klein, sondern herrlich, liebend und ewig. Das, meine Freunde, ist eine frohe Botschaft!

18

GEDANKEN ZUM ABSCHLUSS

Meine Lieben, wow, spürt ihr die Herrlichkeit, die wir sind? Ist das nicht ein unbeschreibliches Gefühl? Wie ist es dir beim Lesen ergangen? Hast du ab und zu innegehalten, um in dein Selbst abzutauchen? Ich kann dir sagen, wie es mir beim Schreiben ergangen ist: Ich habe nicht nur Frieden mit dem Begriff ‚Gott' geschlossen, sondern durch diese Versöhnung auch eine tiefsitzende Konditionierung in mir aufgelöst, deren Existenz mir in diesem Ausmaß nicht bewusst war. Dass ich die Wahrheit, die ich schon seit langem erkannt habe, nun auch in meiner eigenen Kultur bestätigt sah, ohne dafür in fernöstliche Religionen driften zu müssen, hat in mir mehr gelöst, als ich hier beschreiben kann. Und dafür danke ich dir. Denn ohne dich hätte ich diese Zeilen nicht verfasst und daher keine Veranlassung gesehen, meine alten Glaubens- und Gedankensätze kritisch zu durchleuchten, infrage zu stellen und neu zu bewerten.

Auch danke ich dir von ganzem Herzen, dass du die Reise mit mir zusammen unternommen hast. Was haben wir gemeinsam zu erreichen versucht? Wir haben versucht, etwas mit Worten zu erschließen, das sich mit den limitierten Mitteln der Kommunikation und mit unserem dualistischen Verstand nicht abschließend erklären lässt. Das aber dafür die einzige Wahrheit ist. Das voller Paradoxe scheint, da es zusammenbringt, was sich ausschließen sollte. Schau dir die Attribute Gottes an: Er ist ewig, also jenseits der Zeit, aber gleichzeitig überall in der Zeit. Er ist transzendent, also unabhängig von der erschaffenen Welt, aber gleichzeitig immanent und damit involviert in die erschaffene Welt. Wir wollen etwas verstehen, das vor allen Attributen ist und gleichzeitig die Summe aller Attribute. Es ist, als würdest du ein weißes Kleidungsstück tragen und ich würde sagen, du trägst Rot. Ich hätte nicht unrecht, da Weiß alle Farben und damit auch Rot beinhaltet. Aber es ist eben doch weiß, oder? Gleichzeitig ist es grün, blau und jede andere Farbe im Universum. Puh, Erkenntnis ist voller spiritueller Paradoxe, wenn man sich ihr mit dem Kopf nähert und wird absolut klar und simpel, wenn man es mit dem Herzen tut.

Der Zen-Buddhismus behilft sich hier mit sogenannten Koans, die darauf abzielen, über die Beschränkungen der sprachlichen und konzeptuellen Denkweise hinauszugehen. Koans sind paradox, irrational oder scheinbar widersprüchlich, und ihre Absicht ist es, den Geist des Praktizierenden zu ‚durchbrechen' und eine direkte, nicht-konzeptuelle

Erkenntnis zu ermöglichen. Denn auch in der Zen-Tradition wird betont, dass Worte und konzeptuelles Denken nicht ausreichen, um die Wirklichkeit in ihrer Ganzheit zu erfassen. Koans sollen den Schüler dazu bringen, über die gewohnte Art des Denkens hinauszugehen und eine unmittelbare, intuitive Erfahrung der Wirklichkeit zu erleben, die über sprachliche Beschreibungen hinausgeht. Wenn Schüler mit einem Koan arbeiten, wird nicht erwartet, dass sie eine rationale oder logische Antwort finden. Stattdessen soll der Geist in eine Art ‚Nicht-Wissen' eintreten, das eine tiefergehende Einsicht ermöglichen kann. Durch die intensive Beschäftigung mit einem Koan und die begleitenden Gespräche mit einem Zen-Meister wird versucht, die Barriere der sprachlichen Begrenzung zu überwinden und eine direkte Erfahrung der Wirklichkeit zu ermöglichen. Ein typischer Koan ist die Frage: „Was ist das Geräusch einer klatschenden Hand?" Versuch mal, die Antwort darauf zu finden …

Wir sind ein spirituelles Wesen, das sich in einer Vielzahl menschlicher Erfahrungen ausdrückt. Es ist mit dem Ozean vergleichbar, der Milliarden von Wellen hervorbringt, wobei jede Welle entsteht, sich aufbäumt und wieder verschwindet. Doch egal, in welcher Phase sich die Welle befindet, sie ist immer ein untrennbarer Teil des Ozeans. Da die Welle in Wahrheit etwas viel Größeres und Tieferes als ihre vorläufige Form ist, muss sie sich auch nicht gegen die Auflösung dieser Form wehren, sondern kann das Spiel der Natur kraftvoll und freudig mitspielen.

Gleiches gilt für Menschen, die sich des ewigen Selbst als ihrer Quelle bewusst sind. Sie erkennen, dass jede Person aus dem Selbst hervorgeht, wie die Welle aus dem Ozean, von diesem genährt wird und schließlich wieder eins mit ihm wird. Ihnen ist wie allen anderen klar, dass ihre menschliche Form sich irgendwann auflösen wird, aber gleichzeitig ist ihnen bewusst, dass die Essenz, aus der sie geboren wurden, niemals sterben kann.

Sollten all die Worte in diesem Buch dich verwirrt haben, so denk immer an Paula und die ewige Präsenz zurück, die für uns alle gleich ist. Du weißt einfach, dass sie da ist, und sie kann dich nie verlassen. Wie auch? Sie ist dein ewiges Selbst. Was für eine Freude! Aber was wird sich jetzt praktisch für dich und dein Leben ändern? Beobachte es und teile es mir gerne mit. Dies hier sind nach meiner Erfahrung die Auswirkungen von Selbsterkenntnis: Du darfst plötzlich alles sein und dein Leben darf alles sein. Wie in einem Film, den du nicht mehr beschränken möchtest, sondern wo du jede Szene genießt. Auch möchtest du nichts mehr festhalten, denn du weißt – jede Schönheit, die du siehst, kommt aus dir, aus dem ewigen Selbst heraus und ist nur ein Ausdruck dieser Liebe. Dadurch kannst du gütig die Imperfektion des Wandels betrachten. Du willst auch nicht mehr perfekt sein, denn du weißt – es gibt nur eine Perfektion und die bist du in deiner reinsten, formlosen Essenz. Alles, was da herauskommt, ist nicht perfekt, aber lebendig, bunt und vielfältig – und genau das darf es sein!

Du kannst plötzlich Kreativität genießen und musst nichts mehr in eine Form pressen. Das Leben darf frei sein und fließen und du genießt alles, da du dich mit nichts Wechselhaftem mehr identifizierst. Das Schöne ist – du kannst jetzt deine menschlichen Schwächen genauso akzeptieren, wie sie sind. Während ich das hier schreibe, sitze ich am Flughafen und bin so müde wie schon lange nicht mehr. 14.000 Exemplare meines Buches *Mollys wundersame Reise* wurden aufgrund meines Fehlers ohne Barcode auf dem Buchrücken gedruckt, waren also für den Buchhandel wertlos. Jetzt habe ich die letzten Tage damit verbracht, mit sehr lieben Menschen, die mich wunderbar unterstützt haben, eine Lösung zu finden. Früher hätte ich mich dafür verurteilt, solch einen Fehler begangen zu haben. Ich hätte versucht, meine Müdigkeit wegzuschieben, sie nicht wahrhaben wollen, denn sie hätte für mich bedeutet, dass ich schwach bin. Müde, obwohl noch gar nicht Abend ist, bedeutet schwach. Für mein früheres Ich wäre dies eine klare Gleichung gewesen. Jetzt ist Müdigkeit einfach ein Zustand, der kommt und geht. Fehler dürfen gemacht werden und jeder Fehler hat auch sein Gutes. Nichts davon berührt mein wahres Selbst. Denn das ist immer perfekt und genauso wie es sein soll. Und dadurch dürfen auch die menschlichen Seiten an mir unperfekt sein. Menschlich, allzu menschlich halt.

Dadurch, dass ich Perfektion in mir gefunden habe, muss ich nicht mehr meine menschlichen Seiten verneinen. Ein vollkommen sinnloses Verfahren sowieso und ein verdammt anstrengendes noch dazu. Erkennst du, was ich meine?

Heute Morgen bin ich mit meinem Hund in der Nachbarschaft spazieren gegangen und sah an den Häusern all diese Schilder, die auf die Büros in den Gebäuden hindeuten: hier eine Steuerberaterin, dort ein Anwalt, überraschend viele Psychiater und andere Ärzte. Elektriker, eine Kommunikationsfirma, Werbeagenturen und viele, die so spezialisierte Dinge tun, dass man auch auf den zweiten Blick nicht zu erkennen vermag, was sich dahinter verbirgt.

„Und so versuchen alle, zu überleben", dachte ich mir. Jeder mit seinem eigenen kleinen Ding. Wir wachen morgens auf und denken nur daran, wie wir über die Runden kommen. Ich denke an den Erfolg meiner Bücher, du vielleicht an die Patienten, die zu dir in die Praxis kommen oder daran, ob der Chef wieder so ätzend sein wird. Kann es das denn sein? Kann es das wirklich sein? Während die wunderschöne Welt, die Natur, mit all ihrem Reiz und Zauber auf uns wartet, drehen wir im Kopf immer und immer wieder Zahlen um und wälzen unsere Sorgen so lange, dass sie fast ein Teil von uns werden. Und fühlen uns dabei einsam, während wir denken, dass es allen anderen besser geht. Oder fühlen uns gar nicht einsam, sondern meinen, dass die ganze Menschheit mit uns gemeinsam verroht. Währenddessen singen die Vöglein, scheint die Sonne, spielt der weiche Regen, tanzt der Bach, begeistert der Blitz, ertönt der Donner, erwacht der Morgen. Die Natur wartet darauf, uns zu begeistern, aber wir sehen nichts. Wir sind in unserem Kopf. Allein und gefangen. Es ist Zeit, dies zu ändern, liebe Freunde, denn das in unserem Kopf ist nicht die Realität. Das ist nur unser vermeintliches Leben, wenn wir ganz viele

Filter vor die Realität legen. Wenn wir jedoch die Filter entfernen, erscheint plötzlich alles im reinen Licht der Liebe.

Einige werden jetzt behaupten, dass diese Art der Spiritualität genau wie die meisten Religionen nur ein Trostpflaster ist, um das Leben erträglicher zu machen. Das können sie gerne tun. Jeder darf entscheiden, wie er leben will. Für mich ist Zynismus keine Alternative und dabei unvorstellbar langweilig. Die Worte in diesem Buch kommen nicht aus einem reinen Wunsch heraus. Ja, der Wunsch, das Sehnen nach etwas Wahrhaftem, bestand, aber dann wurden meine Erfahrungen und Gedanken immer und immer wieder auf die Probe gestellt, bis ein großes, erleichterndes AHA kam. Wie schön war es da zu sehen, dass Menschen aus allen Epochen und von allen Ecken der Erde eigentlich genau das Gleiche gesagt haben. Nur habe ich es zunächst noch nicht verstanden. Denn wie wir jetzt wissen, ist es nicht leicht, etwas Formloses in Worten auszudrücken und man muss bereit sein, es anzunehmen. Aber viele haben es versucht und wenn man hinter die Worte schaut und den Honig einmal selbst kostet, weiß man, dass er echt ist und nicht nur ein leerer Trost.

In diesem Zusammenhang möchte ich noch erwähnen, dass es mittlerweile viele renommierte Institutionen gibt, die mit bewusstseinserweiternden Substanzen zur Auflösung von Ängsten und Traumata experimentieren. Führend in diesem Bereich ist eine der anerkanntesten Universitäten weltweit, die John Hopkins Universität in Baltimore, USA. Deren Studien mit tausenden von Menschen aus den unterschiedlichsten Gesellschaftsschichten und mit den unterschiedlichsten Erfahrungen haben etwas Erstaunliches belegt: Wenn die Probanden sich in einem sicheren und geschützten Umfeld nach Einnahme der Substanzen durch alle emotionalen Schichten haben fallen lassen, spürten sie ausnahmslos nur noch die unendliche, ewige Liebe und eine tiefe Verbundenheit mit allem. Bei vielen hat dies zu spontaner Heilung und bei fast allen zu einer anderen Sicht auf die Welt geführt. Die Wissenschaftler hat es fasziniert, in einem wissenschaftlichen Experiment immer und immer wieder dieses sentimental anmutende Wort ‚Liebe' zu hören, aber uns wundert es nicht mehr, stimmt's? Da du aber wahrscheinlich nicht Probandin in solch einer Studie bist, habe ich in den nächsten Kapiteln einige praktische Anregungen zusammengestellt, wie du dich immer wieder an deine Essenz und diese allumfassende Liebe erinnern kannst. Glaub mir, das Wissen um dein Selbst wird dein Leben verändern!

Danke, dass du auf dieser Reise dabei warst. *Namaste*. Dieser vedische Gruß bedeutet wörtlich:

> Das Göttliche in mir grüßt das Göttliche in dir.

TEIL III

PRAKTISCHE ANREGUNGEN

19

MEDITATION UND STILLE

Der erste praktische Tipp lautet: Meditiere! Meditation ist das bewusste Wahrnehmen des Selbst. Sie ermöglicht es uns, die Beständigkeit hinter dem ständigen Wechsel des Lebens zu erkennen und uns immer wieder an unsere ewige Natur zu erinnern. Um dies zu erreichen, praktiziere ich gerne eine Atemmeditation, die in ähnlicher Form schon vor mehr als 2500 Jahren in buddhistischen Sutras beschrieben wurde und dem Buddha selbst zugeschrieben wird. Sie wird bis heute als die essenzielle buddhistische Meditation angesehen.

Um mit der Atemmeditation zu beginnen, setze dich mit geradem Rücken entweder auf den Boden oder auf einen Stuhl. Atme durch die Nase ein und aus und folge jedem Atemzug mit deiner Aufmerksamkeit. Konzentriere dich dabei auf die Empfindungen, die der Atem in deinem Körper auslöst. Je länger du meditierst, desto mehr wird dir die unbeständige Natur deines Körpers bewusst, während gleichzeitig die ewige Stille hinter all der Veränderung enthüllt wird. Jeder Atemzug entspringt dieser Stille, wird von ihr genährt und kehrt in sie zurück. Die Stille hinter dem ständigen Wechsel ist dein ewiges Selbst.

Um deine Meditation zu vertiefen, kannst du den Atem mental mit Zahlen, Begleitworten oder Mantras synchronisieren. Wähle vielleicht die Worte „Ich atme ein, ich atme aus“ oder das heilige Mantra „So Ham“, was auf Sanskrit „Ich bin das“ bedeutet und daran erinnert, dass unser individuelles Selbst mit dem universellen Selbst identisch ist. Die Praxis der Meditation wird dein Bewusstsein von deinem wahren Selbst stärken.

Starte mit fünf Minuten Meditationspraxis am Tag und steigere dich langsam. Gedanken und Gefühle werden dich ablenken und auf mentale Reisen mitnehmen wollen, aber ignoriere sie liebevoll und kehre immer wieder zur Atmung zurück. Das Ziel ist es, die Meditation bald nicht mehr auf ein paar Minuten am Tag zu beschränken, sondern sich des ewigen Selbst auch im Auf und Ab des Alltags bewusst zu sein. Fange daher jetzt schon an, die Ruhe in Alltagssituationen auszuhalten, ohne dich sogleich abzulenken. Lerne dadurch, im Bewusstsein des Selbst verankert zu bleiben. Du wirst natürlich weiterhin am Leben teilnehmen, aber es wird sich anfühlen, als säßest du in einem gemütlichen Kinosessel und schaust einen Film. Du kannst den Film genießen und mitfiebern, aber letztlich weißt du, dass du sicher in deinem Sessel sitzt und dir nichts passieren kann. Dieser Zustand wird gerne mit der Aufforderung ausgedrückt: „Sei in der Welt, aber nicht von ihr.“

20

NATUR UND SINNE

Jetzt kommen wir zu dem Teil, der wirklich Spaß macht. Da wir erkannt haben, dass wir nichts aus der äußeren Welt benötigen, um vollständig zu sein, können wir das Leben nun in vollen Zügen genießen! Als Menschen sind wir hier, um die endlosen Facetten des Selbst in all ihrer Vielfalt zu erfahren. Lassen wir uns also voller Begeisterung in das faszinierende Abenteuer stürzen und das herrliche Spiel des Lebens zelebrieren!

Zunächst dürfen wir uns vor Augen führen, dass wir in unserer menschlichen Form ein Teil der Natur sind und nicht von ihr losgelöst. Mutter Erde nährt uns und Vater Himmel gibt uns das Dach, unter dem wir atmen können. Mache dir zwischendurch immer wieder bewusst, dass du genauso ein Teil der Natur bist wie ein Baum, eine Blume, ein Igel oder ein Donnerschlag. Lebe mit der Natur und genieße sie mit all deinen Sinnen. Tanze durch den Regen, lass Schneeflocken auf deiner Zunge schmelzen, springe in den kalten See, lausche dem Gesang der Vögel, spüre die Wärme der Sonne auf der Haut, rette eine Schnecke, streichle einen Hund, rieche die Rosen und laufe barfuß im Gras. Du hast einen Körper, was für ein unglaubliches Geschenk! Dehne ihn, stärke ihn, lass ihn laufen, fordere ihn heraus, spiel mit ihm und gib ihm buntes, saftiges, frisches Essen, das voller Sonne und Lebenskraft steckt. Das Leben findet jetzt statt und es ist dafür da, mit vollen Sinnen ausgekostet zu werden!

Ergötze dich an der Magie der Natur. Betrachte, wie das Wasser in der Sonne glitzert und zu einem Feld voll funkelnder Diamanten wird; wie ein Schneefeld so majestätisch ist, dass kein Mensch es je nachempfinden kann. Mach dir die Fülle des Lebens bewusst. Wie der Himmel uns Donner, Regen und Schnee schenkt und nie damit geizt. Wie sich zu jeder Sekunde faszinierende Naturschauspiele um uns herum entfalten. Wie wir immer ausreichend Luft zum Atmen haben und sie niemals ausgeht. Nimm all das wahr und erfreue dich jeden Moment an den kostbaren Geschenken, die dir präsentiert werden.

Lerne von der Natur. Beobachte den natürlichen Zyklus von Leben und Tod, Kommen und Gehen, Erblühen und Verwelken. Alles hat seine Berechtigung, keine Phase ist wertvoller als die andere. Schau, wie mühelos alles vor sich geht und wie jedes Lebewesen und jede Pflanze im natürlichen Rhythmus seine Aufgabe erfüllt. Erkenne, wie alles miteinander verbunden ist und nichts separat existieren kann. Respektiere die Natur zu jeder Zeit. Als Menschen gehören wir der Erde und nicht umgekehrt. Behandle deinen Lebensraum mit Achtsamkeit und sei dir bewusst, dass jede kleine Geste in unserer verbundenen Welt einen Effekt hat. Genau wie der Flügelschlag eines Schmetterlings einen Tornado auslösen kann, kann jeder einzelne deiner Gedanken, jedes Wort und jede Tat einen Unterschied machen. Sei achtsam mit dem, was du aufnimmst und sei achtsam mit dem, was du hinausgibst.

Hab Freude an den Kreationen deiner Mitmenschen. Ehre ihr selbstgekochtes Essen, lies ihre Bücher, schau ihre Filme, besuche ihre Theaterstücke. Feiere, was deine Brüder und Schwestern mit Liebe und Kreativität erschaffen haben. Erschaffe auch du und bereichere die Welt mit deinen Talenten. Du meinst, du kannst nichts? Dein Selbst ist das Feld der unbegrenzten Möglichkeiten, das Potenzial von allem. Du kannst aus diesem Feld schöpfen und erschaffen, was du möchtest. In dir ist unendlicher Reichtum. Vor allem kannst du dein Herz öffnen und das Wertvollste auf der Welt fließen lassen – die Liebe. Überflute Menschen, Tiere und die Natur damit. Du bist die Quelle, die niemals versiegt. Beobachte, wie deine Großzügigkeit nicht nur die Welt verzaubert, sondern auch dein eigenes Leben mit grenzenloser Freude erfüllt …

21

VERTRAUEN UND LOSLASSEN

Nur ist das Leben nicht immer bunt und lustig, nicht wahr? Es gibt Krieg, Streit und manchmal eine Dunkelheit, die kaum zu ertragen ist. Was können wir da tun? Zunächst dürfen wir uns bewusst machen, dass wir in jeder Situation zwischen Liebe und Angst wählen können. Angst hat dabei keine eigenständige Existenz, sondern ist lediglich ein Filter, der sich vor die Liebe schiebt. Wenn die Sonne ständig von Wolken verdeckt wäre, würde das Leben ebenfalls grau, dunkel und kalt erscheinen. Zum Glück können wir die Wolken in unserer Psyche auflösen, indem wir uns bewusst für die Liebe entscheiden. Sich für die Liebe zu entscheiden, bedeutet, ins Vertrauen zu gehen, tief in das Selbst abzutauchen und zu wissen, dass dort Sicherheit und Freude liegen.

In der Welt des Wechsels werden uns andere Menschen weiterhin gelegentlich enttäuschen und Situationen werden sich ebenfalls nicht immer nach unseren Vorstellungen entwickeln. Doch egal, welches Gesicht das äußere Leben annimmt, unser Selbst bleibt bei all dem beständig und verlässlich. Wenn sich also das nächste Mal Herausforderungen auftun, verfalle nicht gleich in Aktionismus, sondern tauche tief in dein Inneres ab. Vertraue, dass die Weisheit, die alles am Leben hält, sich auch um deine Probleme kümmern kann. Lösungen werden sich wie von allein präsentieren. In unserer angstbesetzten Gesellschaft fürchten wir, dass wir ins Verderben fallen, sobald wir loslassen und vertrauen. Wir denken, dass Sicherheit an der Oberfläche zu finden ist, wo die Dinge scheinbar unserer Kontrolle unterliegen. Dies ist ein Trugschluss. Je mehr du lernst, loszulassen und zu vertrauen, desto mehr offenbart sich diese Wahrheit vor dir.

Hast du schon einmal einen Wellenreiter beobachtet, wie er hinausschwimmt, um die perfekte Welle zu reiten? Bäuchlings auf seinem Brett liegend, paddelt er mit den Armen los. Die ersten imposanten Wellen nähern sich und brechen entweder vor oder hinter ihm mit unglaublicher Kraft. Würde der Surfer an der Wasseroberfläche bleiben, wäre er verloren. Die Welle würde ihn erfassen und wie in einer Waschmaschine durchschleudern. Im besten Fall würde sie ihn Richtung Strand werfen, im schlimmsten Fall könnte er sich schwer verletzen. Daher trifft der Surfer eine kluge Entscheidung: Entweder dreht er sein Brett so, dass er geschützt ist und das Wasser darüber gleitet, oder er drückt das Brett nach unten und taucht samt Brett durch die Welle oder Brandung hindurch. Er bewegt sich von der wilden, stürmischen Oberfläche in die ruhige, stille Tiefe hinab, wo er sicher ist, bis die Wucht über ihn hinweggegangen ist. Dann taucht er wieder auf, paddelt weiter und wiederholt das Szenario so oft wie nötig, um mit minimalem Energieaufwand im offenen Meer anzukommen. Dort dreht er sich entspannt mit seinem Brett um und wartet auf die perfekte Welle.

Sage ich jetzt, dass wir uns immer wegducken und verstecken sollen, wenn es stürmisch wird? Nein, ich spreche nicht von Vermeidung um jeden Preis. Vielmehr geht es darum, dass, wenn die Wogen des Lebens haushoch auf uns zukommen, wir uns nicht von ihnen ins Chaos schleudern lassen. Stattdessen können wir uns – oft entgegen unserem ersten Instinkt – tief in unser Selbst fallen lassen. In dieses Selbst, das ruhiger, stiller und weiser ist als der Ozean. Anstatt vom wilden Rauschen umgeben zu sein, erleben wir plötzlich Stille und Frieden. Hier können wir auftanken, hier ist unser Zuhause, egal, wie stürmisch es draußen auch sein mag. Hier sind wir immer sicher. Mit dieser erneuten Energie können wir wieder auftauchen, der gebrochenen Welle hinterherwinken und uns weiter auf das offene, stille Meer hinausbewegen. Um in Ruhe und im Einklang mit der Natur die perfekte Welle zu reiten, die unser Leben ist.

22

VERZEIHEN UND JA

Da wir nun wissen, dass unser wahres Selbst unverwundbar ist, können wir endlich von einer Gabe Gebrauch machen, die wir viel zu selten nutzen: dem Verzeihen. Denn ebenso wie wir in unserem Kern nie verletzt werden können, kann niemand aus seinem Kern heraus verletzen. Wie denn auch? Wie wir festgestellt haben, sind wir in unserem Selbst alle eins. Einheit schließt Konflikt per Definition aus. Verletzung, Beschmutzung, Beschämung und Auslöschung können daher nur auf der Ebene der Form stattfinden. Das Selbst bleibt heilig und von all dem unberührt. Wenn wir verzeihen, heißen wir eine Situation nicht unbedingt gut. Aber wir verstehen inzwischen, dass jeder seinem jeweiligen Bewusstseinszustand entsprechend handelt und auch die Welt um uns herum unseren gegenwärtigen Bewusstseinszustand reflektiert. Je weiter ein Mensch sich vom Bewusstsein der Liebe als seiner wahren Natur entfernt und die Welt durch den dunklen Filter der Angst betrachtet, desto verheerender können seine Taten ausfallen. Indem wir verzeihen, erkennen wir an, dass wir die Beweggründe hinter bestimmten Handlungen nicht immer verstehen und auch den größeren Sinn eines Ereignisses aus unserer menschlichen Perspektive nicht unbedingt erfassen können. In diesem Zusammenhang habe ich einmal einen schönen Satz gehört: „Alles zu verstehen, hieße alles zu verzeihen."

Verzeihen betrifft nicht nur unsere Mitmenschen oder gar das Leben an sich, das manchmal ungewollte Überraschungen für uns bereithält, sondern vor allem uns selbst. Denn die meisten von uns glauben unbewusst, nichts Gutes verdient zu haben. Zu viel ist schiefgelaufen, zu viele vermeintliche Fehler wurden begangen. Wir bestrafen uns, üben Selbstkritik und sind nicht überrascht, wenn uns scheinbar Schlechtes widerfährt. Doch wenn etwas Gutes geschieht, sind wir erstaunt und misstrauisch. „Zu schön, um wahr zu sein", sagen wir dann und „wer weiß, wie lange das anhält". Ist das nicht traurig? Anstatt nach Fallstricken Ausschau zu halten, sollten wir das Geschenk des Lebens mit offenen Armen annehmen – im Bewusstsein, dass wir es wert sind. Schließlich sind wir die Liebe selbst – wie könnten wir da nicht unendlich wertvoll sein? Es ist also an der Zeit, diese falschen Glaubensmuster zu korrigieren. Hör auf, dich kleinzumachen. Das ist unwürdig und deiner Natur nicht entsprechend. Die Welt braucht dein Licht. Ganz gleich, was du getan hast, woher du stammst oder was dir widerfahren ist: Entscheide dich heute dafür, dein Herz zu öffnen und die Liebe ungehindert fließen zu lassen. Nur so heilen wir alte Wunden und schaffen Frieden und Harmonie in uns und in der Welt.

Du magst dich jetzt fragen, wie du dein Herz für etwas öffnen kannst, das dich schwer verletzt hat. Theoretisch klingt es gut, aber wie setzt man das um? Eine äußerst kraftvolle und einfache Methode hierfür ist es, bedingungslos „Ja“ zu allem zu sagen, was geschehen ist. Warum? Weil es sinnlos ist, gegen etwas anzukämpfen, das bereits passiert ist. Es ist ein Kampf gegen die Realität, und die Realität gewinnt immer. Wenn du mit der Realität ringst oder im Widerstand gegen sie verharrst, verfängst du dich im tückischen Netz der Negativität und vergiftest damit dein Inneres. Das Universum gibt uns immer mehr von dem, was wir bereits haben, daher wirst du nur noch mehr Negativität anziehen. Diese saugt jegliche Energie aus dir heraus und dein Leben wird sich hart und feindselig anfühlen. Die starren Mauern des „Nein“ werden dich einengen und dein Herz versteinern lassen. Wenn du jedoch „Ja“ sagst, wirst du mit Erstaunen beobachten, wie das Leben anfängt, für dich zu arbeiten. Alles in dir und um dich herum wird sich öffnen und ein lebendiges Gefühl von Wärme und Sanftheit entfalten. Durch dein „Ja“ erschaffst du einen Raum, der dich klar, präsent und handlungsfähig macht.

23

DER SCHLÜSSEL

Meine Lieben, wir nähern uns dem Ende unserer Reise. Ich möchte euch noch einmal daran erinnern: Auf dem Weg der Selbsterkenntnis gibt es kein Richtig oder Falsch, und die meisten Menschen leben heute in Unkenntnis um ihr wahres Selbst. Daher herrscht momentan so viel Chaos auf Erden. Aber auch ohne Selbsterkenntnis ist das Selbst immer da. Alle Ratschläge hier sollen lediglich dazu dienen, dass wir uns an seine Präsenz erinnern. Das macht den Unterschied zwischen einem bewussten und einem unbewussten Leben aus. Im Tod fallen dann alle Schleier weg und wir werden wieder vollständig in unserem Selbst aufgehen. Doch wie schön wäre es, unsere herrliche Natur schon zu Lebzeiten zu erkennen!

Du hast auf den vorhergehenden Seiten viele Anregungen erhalten. Sollten dich die Worte überfordert haben, atme einfach tief durch und mach dir den ewigen Raum bewusst, aus dem der Atem kommt und in den er geht. Das ist dein Selbst. Es ist immer da. Es kann dich nicht verlassen. Das ist das Ende aller Verwirrung.

Zudem gebe ich dir einen einfachen Trick an die Hand, der dein Leben wie magisch zum Besseren wandeln wird: Es handelt sich um die Dankbarkeit. In der dualen Welt gibt es immer zwei Seiten, die sich ausgleichen, und dazu gehören auch Geben und Nehmen. Das Universum liebt nichts mehr als Dankbarkeit. Schenke ihm Dankbarkeit, und es wird dir wie ein Echo mehr von dem geben, wofür du dankbar sein kannst. Sei dir dabei immer wieder bewusst, wie großzügig das Universum ist, und sei ebenso großzügig mit deinem "Danke". Das ist alles! Mache Dankbarkeit zu einer Routine, und du wirst erstaunt sein, wie reich du im Gegenzug beschenkt wirst.

Damit verabschiede ich mich für den Moment, liebe Leserin, lieber Leser, und bleibe in tiefer Dankbarkeit und Liebe mit dir verbunden. Und solltest du einmal im Leben nicht wissen, was zu tun ist, so schaue tief in dich hinein und frage dich:

> “Was würde die Liebe tun?

DANKSAGUNG

Viele Menschen, Schriften und Erfahrungen haben diese Zeilen beeinflusst, weit mehr als ich aufzählen könnte oder als mir heute noch bewusst ist. Doch ich möchte meinen Eltern meinen besonderen Dank aussprechen, dass sie mich im Glauben an etwas Höheres großgezogen und mir eine tiefe Liebe zu Büchern vermittelt haben. Bücher sind bis heute ständige Begleiter auf meinem Weg und haben mein Leben fundamental geprägt. Als junges Mädchen hat *Sofies Welt* meine Liebe zu philosophischen Fragen geweckt, und später war es besonders Platon, der mich faszinierte und meine Neugier immer wieder aufs Neue wachkitzelte. Von allen gegenwärtigen Lehrern spricht mich Eckhart Tolle am meisten an; seine Weisheit klingt aus jedem Wort heraus und er hat die Erde mit seiner Präsenz zu einem besseren Ort gemacht. Wenn du deinen Kopf auf die spirituelle Reise mitnehmen möchtest, ist Deepak Chopra ein wunderbarer Lehrer, der mit seinen klaren Worten auch den Verstand befriedigen kann. Er hat es sogar geschafft, meinem Vater, einem Professor der Naturwissenschaften, das ein oder andere Nicken zu entlocken.

Eine meiner Lieblingspassagen in diesem Buch ist der Teil mit Paula. Es ist alles so simpel, nicht wahr? Ähnliche Dialoge haben unterschiedliche spirituelle

Lehrer mit ihren Schülern gehalten, so zum Beispiel Mooji oder Michael Singer in seinem wundervollen Buch *The Untethered Soul.* Zudem möchte ich meinen Verlegern Ulrich Ehrlenspiel und Christian Jund danken, die von Anfang an mit mir zusammen an das Projekt geglaubt und es mit erfrischender Energie vorangebracht haben. Das sind zunächst all jene, die ich hier namentlich erwähne, doch ich danke allen anderen, die mich mit ihren Worten und ihrer Weisheit auf meinem Weg begleitet und inspiriert haben. Wir sagen alle das Gleiche, nur jeder auf seine Weise und mit seinen Worten. Manchmal überlappen sich unsere Worte auch. Möge meine Art den ein oder anderen angesprochen und berührt haben. Mein ganz besonderer Dank gilt schließlich dir, liebe Leserin, lieber Leser. Ohne dich würde das Ganze keinen Sinn machen.

BEGLEITUNG AUF DEINEM WEG

Ich hoffe, dass dieses Buch und die darin gewonnenen Erkenntnisse dich nachhaltig begleiten und inspirieren werden. Um uns gegenseitig weiter zu unterstützen, habe ich eine Seite erstellt, auf der ich wertvolle Ressourcen wie Artikel, Übungen und weiterführende Links teilen werde. Dort findest du auch ein Video, in dem wir uns gemeinsam tiefer in das Selbst begeben. Ich freue mich darauf, dich dort wiederzusehen und unser gemeinsames Abenteuer fortzusetzen:

www.nextlevelverlag.de/selbst
oder QR-Code scannen

DIE REISE GEHT TIEFER

Falls du weitere inspirierende Lektüre suchst, möchte ich dir gerne meine Molly-Trilogie ans Herz legen: Hier hinterfragt Molly das eigene Innenleben und die Beziehungen zu ihren Mitmenschen. Es geht um magische Momente, Manifestation und Mitgefühl auf der Reise zu einem erfüllten Leben. Die Molly-Geschichten wirken dabei wie eine geführte Meditation, die tief ins Innere geht. Nach einer Viertelmillion glücklicher Leser haben wir jetzt eine Jubiläumsausgabe mit allen drei Bänden und in besonderer Ausstattung erstellt, die sowohl Kinder als auch Erwachsene verzaubern wird:

Mollys wundersame Reise – die Trilogie
Jubiläumsausgabe in besonderer Ausstattung

www.nextlevelverlag.de/molly
oder QR-Code scannen
Hardcover mit Lesebändchen
ISBN: 978-3689360184, 140 Seiten